脱ダラダラ習慣！

1日3分 やめるノート

臨床心理士
中島美鈴

自分の時間を取り戻す
「行動の心理学」

すばる舎

この順番でラクにやめよう！

（本書の構成）

ハマってしまう仕組みを知る

～人間の「行動」と「時間感覚」の仕組みを知れば、
“意志”と“努力”に頼らなくていいとわかる～
（第１章）

↓

自分の欲求を満たしながら“やめるコツ”を知る

～悪習慣から得られるメリットを知り、
それを満たす“代わりの行動”を見つける～
（第２章）

↓

１日３分で「悪習慣がやめられるノート」の書き方を身につける

～ごく普通のノートとペンを用意して、４つの項目を書く～
（第３章）

↓

ゲーム、SNS、動画、お酒、暴飲暴食から抜け出した人のノートの事例を見ながら、やめるスキルが高まる

（第４～８章）

悪習慣がやめられて、自分のための時間が確保される！

世界的に注目されているカウンセリング技法「認知行動療法」は、強力な依存や問題行動を改善するために役立ちます。

この技法をあなたが使いこなせるように
本書はつくられています。

はじめに　自分の時間を取り戻そう！　1日3分のノートで悪習慣がやめられる

この本を手に取ってくださり、ありがとうございます。

あなたには、やめたい行動、習慣がありますか？

ゲーム、動画、SNS、お酒、暴飲暴食、タバコ……。これらに奪われている時間を、勉強、筋トレ、ダイエットなどの「自分の人生をより良くするための時間」に変えることができたら、どんなにいいだろうと思っていることでしょう。

やめたいのに、やめられない……。

これは、誰もが抱える悩みです。あなただけの悩みではありません。ストイックだと言われている人でも、優秀だと言われている人でも、真面目《まじめ》だと言われている人でも、程度の差はあれど悩んでいます。

やめたい行動には、**「すぐに達成感を得られる」「心地良い体感が得られる」「ひまをつぶせる」「承認、所属の欲求を満たせる」という強力なメリット**があるからです。

この脳の仕組みに対し、意志の力や努力で抗《あらが》い、悪習慣をやめるのは至難の業です。

そこで、今回、**ノートを使って「欲求を満たしながら、我慢することなく悪習慣をやめる」技術**をご紹介していきます。

ノートとペンがあればOKです。書くことは4つで、1日3分ほどで完了します。

私はこれまで、臨床心理士の仕事として「依存から抜け出すためのカウンセリング」と、時間をうまく使えない人のための「時間管理のカウンセリング」を専門に行なってきました。22年間の経験を通して蓄積した知識を1冊にまとめました。

●脱ダラダラ習慣！「またやってしまった……」の自己嫌悪にサヨナラ

健康、仕事・ビジネス、お金、外国語習得など、やったほうがいいことに関する有益な情報は世にあふれています。誰だって、運動や睡眠、栄養に読書、人づき合いに計画的な暮らしが大事なことなんて知っています。

でも、これらの情報はムダになっています。

娯楽、ギャンブル、嗜好品《しこうひん》、お酒に美味《おい》しいものなど、世の中には魅力的なものがあふれています。私たちは、やらなければならないことよりも優先して、これらにハマるからです。そして、貴重な時間をダラダラと過ごしてしまいます。

有益な情報を知るための時間は奪われますし、知ったとしてもそれを活用する時間は奪われてしまいます。

「本当はあれをしなくちゃいけないのに」と思いながらも、「やめたいのに、やめられない」と魅力的なものにハマって抜けられなくなっているのです。

「今に集中することが大事」だとよく戒《いまし》めを込めて言われますが、このときばかりは、今を優先させて不合理な行動に没頭しています。

これは切実な問題です。

「また、やってしまった」という自己嫌悪に陥《おちい》る行動をしてしまうと、「自分は〝意志が弱い〟ダメ人間だ」と自分が情けなくなり、責めてしまいます。

そして、その満たされない感情を埋めるために悪習慣にハマります。

●「依存」と「時間管理」に悩む人々と向き合った22年の経験から考案

先にも少し触れましたが、私は大学院で心理学を学んだ後、現場でのカウンセリングを22年間行なってきた臨床心理士です。

多くの「やめたいけどやめられない」と悩む人たちと接して気づいたのは、〝強い意志だけに頼らず〟もっと具体的で効果的な方法を知ると「楽にやめられるのに」ということです。方法さえ知れば、〝やめやすくなる〟のです。

この本でご紹介するのは、この**〝効果的な方法〟である「認知行動療法」**です。カウンセリングの技法の一種であり、世界的にも注目されています。

現在、認知行動療法は、全国の刑務所や保護観察所、少年院などの施設で、問題行動の改善プログラムとして取り入れられています。

私はこの分野で、薬物使用や性加害の問題を抱える人たちを認知行動療法で支援し、同じ問題を繰り返さないためのお手伝いをしてきました。

全国の施設で、再犯率を下げる効果も出ています。

つまり、強力な依存や問題行動を改善するために役立っています。

しかし、この認知行動療法が**「やめたい行動をやめるために効果的である」**という認識は世間一般には広がっていません。

それどころか、やめたい行動をやめるための認知行動療法を受ける機会は、日本では非常に少ないのです。

そこで、書籍という形にすれば、多くの人に届けられるかもしれないと考えました。

しかし、私は書籍化にあたり、ひとつ迷いがありました。

●自分でできる認知行動療法で、無理なく「新しい自分」に変わる

私は認知行動療法によって救われた人間で、やめたい行動を多くやめてきました。

あんなに大好きだったテレビも全く観《み》なくなって、執筆の時間に充《あ》てることができ、いつかは本を出してみたいという夢をかなえてきました。

しかし、自分自身が、ある〝やめたくてもやめられない行動〟を克服できていなかったのです。

やめたい行動をやめるための認知行動療法を「知って」はいても、ある一部の行動に対して、私は「実行して」いなかったのです。

それは、「食べ過ぎをやめる」こと。ダイエットでした。本書を書きながら、「よし、私もやるしかない！」と実践しました。私がやっていないことを、あなたにやってもらうのはおかしな話だと思ったからです。

私は現在、9キロやせたところです。本書の方法は、間違っていなかったと安心しました。これで、ちょっとは「実行している」専門家と自負できるようになりました。

今度は、あなたの番です。

1日のうち3分間だけノートを書いて、あなたのやめたい行動を克服してください。

本書を通して、まずは、「ああ、私の意志が弱くてやめられないわけじゃないんだ」と**自分を責める気持ちから解放**されてください。

そして、**「人の脳の仕組みを利用する方法を知れば、無理なくやめられるんだ」**と希望を抱いてください。

さあ、一緒に歩み進みましょう。今こそ、自分の時間を取り戻すときです。ぜひ、新しい自分に変わりましょう。

中島美鈴

目次

第1章 現時点で一番ラクな〝やめ方〟を臨床心理士が伝授！
～ゲーム、SNS、動画、お酒、暴飲暴食……、あなたの大切な時間を守るために～

第2章

欲求を満たしながら！が悪習慣をやめるコツ

～「やめられない理由」と「代替行動の見つけ方」～

第3章

1日3分！やめるノートの書き方

～わずか4項目でやめられる「書く認知行動療法」～

第4章

ゲームへのハマりから抜け出そう！

～ゲームばかりして1日が過ぎるカイトさんのノート～

第5章 SNSへのハマりから抜け出そう！

～資格試験の勉強中についついSNSをしてしまうヒナさんのノート～

第6章 動画へのハマりから抜け出そう！

～海外連続ドラマの観過ぎで寝不足のナオミさんのノート～

第7章 お酒への依存から抜け出そう！

～健康診断で指摘されてもお酒を減らせないケンイチさんのノート～

第8章
暴飲暴食グセから抜け出そう！
～ヤケ食いが止まらないヨウコさんのノート～

プロデュース　森下 裕士
本文デザイン・DTP　システムタンク（野中 賢）
イラスト　伊藤 カヅヒロ
カバーデザイン　市川 さつき・西垂水 敦

第 1 章

現時点で一番ラクな“やめ方”を臨床心理士が伝授！

〜ゲーム、SNS、動画、お酒、暴飲暴食……、
あなたの大切な時間を守るために〜

筋トレ
勉強
趣味
ダイエット
やりたいことはたくさんあるのに……
ゲーム
動画
SNS
お酒
暴飲暴食
時間が奪われてしまう……
やってはいけないのに、
やってしまう習慣ってありますよね
これから、3分間のノートを使って
悪習慣をやめていく技術をご紹介していきます!

不合理だとわかっていても〝やってしまう〟悪習慣の魔力

本書を手に取られたあなたは、おそらく毎日、仕事や家事、家族の世話などの膨大《ぼうだい》な〝やるべきこと〟に追われているのではないでしょうか。

「忙しい、忙しい。本当は、資格の勉強をしたいのに」、「副業について学びたいのに時間がない」と感じているかもしれません。

資格、英語、仕事のスキルアップ、ビジネスの勉強、筋トレ、ダイエット……、やりたいのにできないことがたくさんあるのではないでしょうか。

しかし、その一方で**「こんなに時間がないのに、なぜかスマホをいじるのをやめられない。本当なら、この時間でやりたいことをするべきなのに」**という悩みをお持ちかもしれません。

私たち現代人は「忙しい」と言いながらも、ＳＮＳをやめないし、なんとなく動画を観《み》てしまうし、お酒を飲み過ぎたり、ゲームにのめり込んだりしてしまいます。まるで、時間が私たちの意志に反して消えていくようです。

本書では、この**「意志に反して消えていく時間」**に対して**“どうコントロールを取り戻して、自分の人生を豊かにするか”**、その方法を提案します。

やめたい習慣をやめる方法について、心理学の視点から解説していきます。

自己紹介が遅れましたが、私は福岡を拠点として活動している臨床心理士です。私は、大人の注意欠如・多動症（ADHD）という発達障害の方々へ、認知行動療法と呼ばれるカウンセリングを提供しています。

ADHDの方々の中には、ゲームやギャンブル、動画視聴にのめり込み過ぎてしまう人がいます。

休みの日には1日中布団から出ないままだったり、仕事や家事をしなくて解雇されたり、家族と不和になったりしている方もいます。

こうした方々が、自分が送りたい人生を歩めるよう、やめたい習慣をやめるお手伝いをしてきました。

また、私は保護観察所で、覚醒剤や大麻をやめたいと思う方々の指導もしています。

覚醒剤も大麻も、日常的に耳にする言葉ではありませんので、多くの人が「他人事《ひとごと》」に感じられるかもしれません。

しかし、この方々の体験談を聞けば聞くほど、**「私が甘いものをついつい食べてしまうメカニズムとよく似ているなあ」と思う**のです。お酒がやめられない人も実は同じです。

法を犯して失うものの大きさを知りつつもやめられない背景には、何があるのでしょうか?

仕事を解雇されて、家族や友人を失って、健康もお金も失っても、まだ薬物を使いたくなる人は大勢います。

法こそ犯していませんが、糖尿病になっても甘いものがやめられなかったり、仕事や学業がうまくいかなくなってもゲームがやめられなかったり、人づき合いを犠牲にするほどお酒を優先してしまったり、借金を重ねてまでギャンブルにハマってしまったり……、これらのメカニズムはとてもよく似ているのです。

本書では、これまでの臨床経験から、どんなアプローチだと人はやめたい習慣を減らせるのかについて、理論的背景だけでなく、実際に〝自分でできるノートを用いた認知行動療法の技術〟をお伝えします。

ぜひ一緒に、自分のために豊かな時間を使えるようになりましょう。

自己嫌悪に陥《おちい》る5つの代表的習慣

「自己研鑽《けんさん》したいけど、時間がない……」

こんなつぶやきを、よく耳にします。時間はつくるものだと言われますが、気づけばスマホをいじったり、ゲームをしたり、動画を延々と観続けたりして自己嫌悪してしまいますよね。

頭ではムダだとわかっているのに、どうすればこの習慣をやめられるのでしょうか。

ここではまず、本書に登場する5人の「やめたい行動」に悩む方々をご紹介します。

この5人が、やめたい習慣を徐々に減らして、人生を充実させる様子もお楽しみいただければと思います。

【1人目】（第4章に登場）

休みの日はゲームばかりの男性
カイトさん（仮名、20代、消防士、独身、ひとり暮らし）

カイトさんは消防士として勤務して2年目の男性です。仕事にも慣れてきて、やりがいも感じています。

しかし、休みの日の過ごし方について「このままでいいのだろうか」と漠然《ばくぜん》と思っています。

なぜなら、休みの日のほとんどの時間をゲームに費やしているからです。カイトさんのパターンはだいたいこうです。

昼前に一度目を覚ますものの二度寝、三度寝を繰り返し、トイレに行きたくなって起き上がった後は、布団に寝転んだまま食事もせずにゲームを始めます。

一度ゲームを始めると、だいたい深夜まで続けてしまいます。気づけば、カーテンも開けないまま、炭酸飲料だけを飲んで休みの日が終わります。

【2人目】（第5章に登場）

資格試験の勉強中に、ついついSNSをしてしまう女性

ヒナさん（仮名、20代、会社員、独身、実家暮らし）

ヒナさんは実家暮らしで、会社員歴3年です。大学も就職先も親が心配するからと、実家から通える所にしました。

生まれてから一度も実家から出たことがありません。実家は祖父母も同居する昔ながらの日本家屋ですが、ヒナさんには密《ひそ》かにあこがれの生活があります。もっとオシャレで、自由なひとり暮らしをしてみたいのです。そんなうっぷんを晴らすようにSNSの世界にのめり込んでいます。

本当なら資格の勉強をしなければならないのに、ついついSNSばかりしてしまいます。

【3人目】（第6章に登場）

海外連続ドラマの観過ぎで寝不足の女性
ナオミさん（仮名、40代、パート、既婚、夫と2人暮らし）

ナオミさんには2人の娘がいます。長女はすでに遠方に就職し、この春に下の娘が大学進学のため上京し、ついに夫婦2人暮らしになりました。

これまでは、お弁当づくり、塾への送り迎え、習い事、入学手続きに引っ越しなど、慌ただしく過ごしてきました。

しかし、娘がいなくなり、家の中は静かになってしまいました。ぽっかり空いた穴を埋めるように、ナオミさんは海外連続ドラマにハマっていきました。

1本が30分間で終わるドラマですが、シリーズをすべて観るには60本以上観る必要があります。

ナオミさんは夕食の準備中でも、食事中でも、お風呂でも、布団の中でも、常にタブレットで動画を観続けました。

気づけば朝になっていることもしばしばです。最近は、睡眠不足で体がきつくてたりません。

【4人目】（第7章に登場）
健康診断で指摘されてもお酒の量を減らせない男性
ケンイチさん（仮名、50代、公務員、既婚、妻と子供の3人暮らし）

ケンイチさんはストレスを抱えながら働く公務員です。毎晩のお酒だけが唯一の楽しみです。

でも、そのお酒すら、先日の健康診断で「週に一度は休肝日を」と言われてしまいました。

晩酌《ばんしゃく》をすることで、自分なりになんとか精神のバランスをとってきたというのに、どうしたらいいのか頭を抱えています。

【5人目】（第8章に登場）

ヤケ食いが止まらない女性
ヨウコさん（仮名、40代、専業主婦、既婚、夫と子供の3人暮らし）

ヨウコさんはケンイチさんの妻。専業主婦です。小学生の子供がいます。毎日、子供の習い事の送迎、家事に追われています。もともとは銀行員として働いていましたが、結婚を機にやめてからはずっと家にいます。

先日、夫の健康診断の結果で、肝臓に負担がかかっていることやコレステロール値が高いことがわかりました。

そのことで義母から「あなたのつくるご飯はもう少しなんとかならないの。夫の健康管理は嫁の仕事」と言われてしまいました。

以前からこうしたプレッシャーをよく感じていましたが、ヨウコさんは言い返すこともできず、やり場のない気持ちをぶつけるように夜中にお菓子を食べてしまいます。

あなたは、この5人の中に共感できる状況にいる人物が見当たりましたか？　この

5人に共通する傾向にお気づきになったかもしれません。

本書では、5人のような人が「やめたい習慣」を少しずつ減らしていく方法を学んでいきます。

ここからは、**「なぜ、やめたい習慣が形成されて、そこから抜け出せず〝時間が消えていくのか〟」**について理論的背景を解説します。

ある種の時間は〝すばやく〟消えていく!?
——「時間感覚のズレ」と「ダメ監督」のハイブリッド

どうして、ゲームやSNS、動画、お酒に甘いもの、ギャンブルなどの最中には、時間は消えていくように「短く」感じられるのでしょう。

こうしたいわゆる〝やめたい習慣〟に費やす時間は、圧倒的に早く過ぎていくと感じられると思いませんか?

実は、この**時間の経過する感覚（体感）は「時間感覚」**と呼ばれています。

学生時代に「今日の先生は話がつまらないから、授業が長く感じるなあ」とか「あれ？　まだ20分間しかたってないの？」などと、時計を見ながら思った経験が誰しもあるでしょう。

この時間感覚は小脳が司《つかさど》っています。小脳が関連する時間感覚は、厳密に言えば、数ミリ秒単位の比較的短い時間だと言われています。

たとえば、長縄跳《と》びで、前の人が飛んで、次に自分が縄に入るタイミングをつかむような、運動と連動するような時間感覚に関係しているそうです。

この小脳には個人差があって、**「時間の見積もりがよくズレる人」「少しだけ休憩するつもりが、気づけば1時間たっていたという人」「ものすごく急いで準備したつもりなのに、なぜか間に合わない人」**……、**こういった方々は、この時間感覚が不正確である**と言えます。

私のもとへご相談にいらっしゃるＡＤＨＤの診断を受けた方のほとんどが、

「時間感覚が不正確だから、計画を立ててもその通りにできなくて計画倒れ。もう、計画を立てるのはうんざり」

とおっしゃいます。

しかし、こうした困り事が起こる原因は、実は小脳のせいだけではありません。

小脳はあくまで時間を体の感覚で感じとるためのものであり、高度な計画立ては前《ぜん》頭前野《とうぜんや》のいくつかの脳の部位が担っています。

私たちがカレーライスをつくろうとするとき、まず材料を用意して、切って、炒めて、煮込んで、味付けして……、並行してご飯を炊いて……という手順を組み立てるはずです。

こうした**一連の計画立て、それに沿って、やり遂げるまでの監督をするのが「実行機能」**という働きです。

認知症の分野では、「遂行機能」といわれることも多いようです。この実行機能のおかげで、私たちは学生時代には時間割を組んだり、試験に向けて勉強の計画を立ててこなしたり、夏休みの宿題を計画的に進めることができました。

仕事における長期計画は、実行機能がうまく使えていないと難しいでしょう。

実行機能の中でも、**「この時間までに」「期限までに」という時間を意識した働きを「時**

間管理」と呼んでいて、心理学者クラーセンス氏らによると、学術的には「目標を達成するために時間を効果的に使用する行動」と定義されています。

心理学者バーリング氏らやブリトン氏ら、およびバート氏ら、トルーマン氏らの研究によると、時間管理がうまくできると、**仕事や学業上の成績を上げやすく**なり、心理学者マカン氏は**職業満足感を増やしストレスを減らす**ことを明らかにしました。

小脳や前頭前野という脳は、生まれてからだいたい20代後半までかけて、さまざまな経験を通して、ゆっくり発達していきます。

たとえば、小学生のときに「だいたい45分間の授業ってこのぐらいの長さなんだなあ」と時間感覚を身につけるでしょうし、夏休み最終日に残ったままの宿題を目の前にして「夏休みって永遠に続くわけじゃないんだなあ」と学んだりします。

高校生ぐらいになると「あれ？　どうして試験前に限って、机の片づけを始めちゃうんだろ」とか「計画で見積もっていたより、苦手な教科の勉強には時間がかかるなあ」「先延ばしてギリギリになるとこんな感じなんだなあ」とか、いろんな経験をもとに少しずつ自分の感覚を修正していき、計画上手になっていきます。

大部分の人は経験を通して、痛い目をみたり、成功したりすることで時間管理を特に教わることなく身につけていきます。

しかし中には、親や教師などに「気を引き締《し》めてコツコツがんばりなさい」と精神論で叱咤《しった》激励《げきれい》されるだけでは時間管理が身につかない人もいます。

こうした人たちが、大学生ぐらいの年齢になって、初めて親元を離れてひとりで何もかもこなさねばならなくなり、周囲からも「朝は自分ひとりで起きて、到着時間から逆算して遅れずに目的地に着きなさい」「試験日から逆算して計画的に勉強しなさい」「仕事も家事も子育ても同時にバランスよくこなしなさい」と高度なことを期待され始めたときに、生活が破綻《はたん》することがあるのです。

〝正論アドバイス〟よりも「意志に頼らない」スキル

それでは、なぜ時間管理がうまくいかないのでしょう。

背景のひとつには、「脳」との関連があります。

ＡＤＨＤの方の脳では、実行機能がうまく働かないことがわかっています。ＡＤＨＤの子供は、そうではない子供と比較すると、時間感覚が不正確であることもわかっています。

これらの脳の働きそのものを根本的に解決することはできませんが、脳の特徴を踏まえた、時間管理のやり方をトレーニングすることならできます。具体的には、

・タスクの全体像を把握《はあく》する
・締め切りから逆算して、タスクにかけることのできる時間を算出する
・制限時間内にこなせる方法を選択する
・タスクを小分けにする
・それぞれに必要な時間を見積もる
・時間を意識して進捗《しんちょく》を監督《かんとく》する

・必要なら計画を変更する
・計画から脱線せずに集中する

書き出してみると、時間管理がいかに高度な作業かおわかりいただけるでしょう。

私はこの数年間、こうした手順をひとつずつ学ぶための時間管理セミナーを実施してきました。

多くの参加者が、「友達と約束した日時を忘れずにいられた」「これまで先延ばししていた部屋の片づけができた」「こんなに計画通りに毎日が過ごせると幸せだ」と、時間管理をマスターされました。しかし、一部の方からはこんな声も聞こえてきたのです。

「計画では、朝起きてから部屋のそうじをする予定だったのに、ついつい二度寝して、その後は布団の中でずっとスマホをいじってました」

「仕事が終わって帰宅したら、さっさと風呂と夕食をすませて資格の勉強をするつもりだったのに、ついつい動画を観ながらうたた寝してしまいました。気づいたら夜中の2時でお風呂も入らず、自己嫌悪です」

そうです。時間管理セミナーでいくら時間管理のコツを習っても、「やめたい習慣」が時間を溶かしていたのです。

スマホ、動画、ゲーム、暴飲暴食、お酒……、いろんな悪習慣が、計画したことより優先されてしまったのです。

私は当初、この事態をあまり深刻に捉《とら》えずにこう言っていました。

「スマホを遠くに置いておけばいいんじゃないでしょうか」

「スマホを触ってどうなるのかという結果と、スマホを触らずテキパキ動くとどうなるのかという結果をそれぞれ予想して、どちらを選ぶか選択すればいいのではないでしょうか」

この助言で、やめたい習慣からうまく抜け出せた人も一部いましたが、多くの方が**「どうしてもやめられません」**とおっしゃいました。

これは、時間管理だけでは解決できない問題なんだなと私は学びました。そこで本格的にアディクション（特定のものを特別に好むクセ）と呼ばれる問題について向き合うことになりました。

これから、やめたい習慣をやめるための認知行動療法をご紹介します。「時間が消えるなあ」と思っている方におすすめなのは、まずは「やめたい習慣」を減らすことです。本書でそのスキルを学んでください。

その次に、時間管理を学んでいただくと、うまくいきます。

自分でできる「書く認知行動療法」で〝やめたい行動〟にサヨナラ!

やめたい習慣をやめるために、本書でおすすめするのが「認知行動療法」です。

これは、認知（ものの受け取り方）や、行動（物事への対処の仕方）を見直して、上手にストレスに対処して、気持ちを軽くするカウンセリングの一種です。

この認知行動療法の中でも、本書では特に「機能分析」と呼ばれる、

「その行動を通して、あなたは一体何を得ようとしていたのか」

に目を向けて検討していく方法を使います。

機能分析をすることで、その行動が自分にとって目指す役割を果たしていたかどうかを見直すことができます。

機能分析は刑事施設や少年院で実施《じっし》されている性犯罪や性非行、薬物事犯のプログラムにおいても採用されている、現在注目されている方法です。

特に、本書で取り扱う「やめられない習慣（悪習慣）」は「行動」として表に表れているものの、多くの人が「なぜ、こんなにやめられないのかわからない」と首を傾《かし》げるものであり、専門的には**外在化障害**と言われています。

行動という目に見える形で、なんらかの問題（ストレスなど）が心の外側に出てしまったということです。

こうした**外在化障害は、機能分析の得意とするところ**です。

ちなみに、「私はどうしてこんな性格なのだろう」とか「人間関係でクヨクヨする」といった悩みは、心の内側で悩んでいて、本人もなんで落ち込むのか、何が悩みなのかをよくわかっていています。こういった問題は、**内在化障害**と言えます。

一般的に言えば、本書で取り扱うような外在化障害は、まずは「どうしてその行動が続くのか」「どんな動機が隠されているのか」を分析することで、ある意味、内在を促《うなが》します。

たとえば、**「そうか、私は動画に夢中だったけど、本当はさみしかったんだ」と気づくことが治療の第一歩**なのです。

その点が、内在化障害の認知行動療法との大きな違いですが、この最初の一歩で機能分析を用いるとうまくいくというわけです。

第2章からはこの機能分析について、具体例を示しながら説明します。

そして、ノートに毎日3分間だけ向き合うことで、ひとりで機能分析を進めることのできる方法をお伝えしていきます。

第2章

欲求を満たしながら！が悪習慣をやめるコツ

～「やめられない理由」と「代替行動の見つけ方」～

〝見ないふり〟と依存の関係

想像してみてください。
あなたがどうしてもやめられない習慣について、

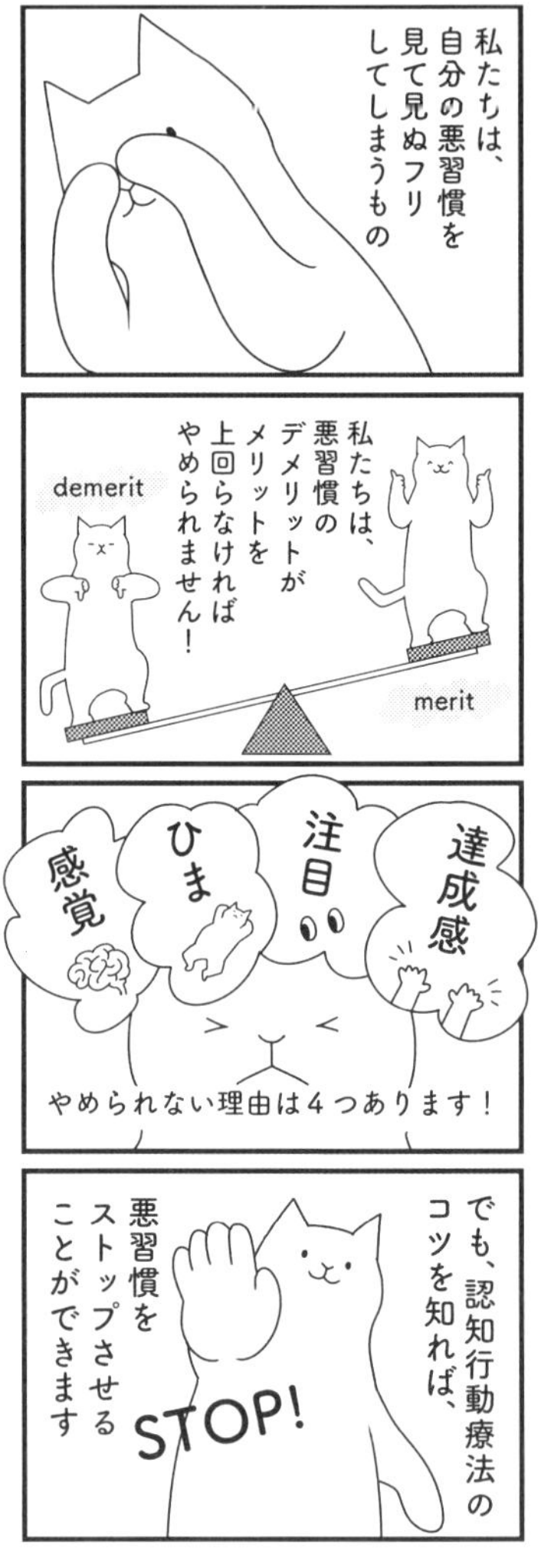

私たちは、
自分の悪習慣を
見て見ぬフリ
してしまうもの
私たちは、
悪習慣の
デメリットが
メリットを
上回らなければ
やめられません！
demerit
merit
達成感
注目
ひま
感覚
やめられない理由は４つあります！
でも、認知行動療法の
コツを知れば、
悪習慣を
ストップさせる
ことができます
STOP!

「なぜ、あなたは頭ではやめたいと思いながらも、やめられないのですか」

と、他人から問われたら、なんと答えますか？

おそらく、責められているような気がして腹が立ったり、恥ずかしくなったり、自分を責めたりと、いい気持ちはしないでしょう。

中には「○○したことがないあなたには、私の気持ちなんてわからないでしょう」と言い返したくなる方もいるかもしれません。

私は、覚醒剤《かくせいざい》や大麻を使用した経験のある方が依存を克服する支援をしていますが、こうした言葉をかけられることがしょっちゅうです。

たしかに、やったことがないからわかりようがありません。

「私にも使用経験があればもっと気持ちがわかるのだろうか」と思うこともありますが、そうしたら私はこの仕事を続けることができなくなりますから困ったものです。

とにかく、私たちは自分のやめたい習慣について他人に口出しされたくないし、自分でも認めたくありません。

「やめたい習慣」は、まるで自分の「ダメなところ」みたいだからです。

だから、話題にせず、見ないふりをして無視します。**でも、この行為こそが問題をこじらせます。**

「覚醒剤のことなんて忘れて生きていったほうがいい」と多くの人が口にしながらも再び手を出したり、やめ続けている期間にお酒が増えたりなど別の問題が生じます。

同様に、「動画の観過ぎならスマホを捨てれば解決だ」と思い切っても、今度は別のデバイスで動画を観てしまったり、動画を観ない代わりに買い物依存になったりしてなかなかうまくいかないのが現実です。

やめられない行動の〝メリット〟にこそ注目！

なぜ、やめられない行動、習慣のことを忘れようとするだけではダメなのでしょうか。

私たち人間は賢い生き物で、やめられない行動、習慣のメリットがデメリットを上回らなければ、その行動をし続けないことがわかっています。

つまり、お酒、タバコ、夜ふかし、甘いもの……、これらがもたらす**デメリット（例：体に悪い）よりも、メリット（例：一瞬の快楽や現実逃避）が大きいのでやっぱりやめられない**ということです。

衝動的《しょうどうてき》で〝短期的なメリットに飛びつく〟タイプの方ならなおさらです。

短期的なメリット（例：ゲームでレベルが上る）よりも、長期的なデメリット（例：仕事や家事が終わらない）に目を向けられないからこそ、傍《はた》から見れば明らかにデメリットが大きい行動を平気でし続けてしまいます。

一方で、やめられない行動の背景には「メリット」があり、それに注目するとその行動がやめやすくなることが知られています。

これは、心理学では「機能分析」と呼ばれるものです。

欲求は無視せず、満たさなければならない

ここでは、機能分析についてもう少し具体的に解説していきます。

たとえば、タバコをやめられない人がいたとします。

その人がタバコを吸うメリットのひとつが「ニコチンを得られる」だとしましょう。

この人にいくら「肺がんのリスクがある」と説得しても、「ニコチンが欲しい！」と体が思えば、タバコをまた吸いたくなります。

やめるのが難しいのは、「ニコチンが欲しい！」という欲求を無視して封じ込めねばならないからです。そこで登場するのがニコチンパッチです。

これは「ニコチンが欲しい！」という欲求を無視せず、満たしてあげています。これでタバコに手を出さなくてもよくなるので禁煙に効果があるのです。

これを、YouTube動画の視聴がやめられない女性の例で考えてみましょう。

「本当は何が欲しい？」——自分と対話すると大きく前進する

アイさん（仮名、20代女性、不動産会社勤務、独身、ひとり暮らし）を例に考えてみます。

アイさんは大学を卒業してからずっと現在の不動産会社に勤務しています。事務を担当していて、いつも膨大《ぼうだい》な契約書や物件情報の管理に追われています。

アイさんは、社会人になって初めてひとり暮らしを始めました。最初こそあこがれのひとり暮らしにワクワクしていましたが、インテリアに凝ることもなく、部屋は散らかったままです。

帰宅してから、寝る布団の中までずっとYouTube動画を観るようになりました。特に観たい動画があるわけではなく、最初は美容の情報を検索して、それからYouTubeにおすすめされるままに視聴を続けています。

アイさんは動画を観る時間を減らしたいのですが、いざ無音になるとなんとも耐え難くソワソワしてしまうのです。

そして何より、仕事上必要な資格試験の勉強に手をつけられていません。


アイさんのような人は、世の中にはかなり多くいらっしゃいます。

今や小学生以前の子供たちもハマっているのがYouTubeです。

アイさんのYouTubeを観るメリットが、仮に「さみしさを紛らわせたい」という現実逃避的な理由だったとします。

すると、「我慢だ。YouTubeはダメ」と自分に制限を課すよりも、**「さみしいときに誰に連絡をとろうかな」「私って今誰に会いたいのかな」と考えたほうが、何倍もYouTubeをやめやすくなります。**

こんなふうに、まずは**やめられない行動のメリットを明らかにすることが、やめるための第一歩**なのです。

具体的には、

「YouTube自体もおもしろいだろうけど、それを観ているときって本当は何が欲しいの？」

そんな自問自答をすると〝隠れたメリット〟が掘り起こせるかもしれません。

ただ、「本当は何が欲しい？」というのは思った以上に難しい問題です。

大人は日頃、自分の気持ちを我慢して働いたり、人に合わせたりしていることが多いからです。

そこで、「悪習慣がやめられない４つの理由」を紹介しますので、「どれが近そう？」と自分に尋《たず》ねてみてください。

悪習慣がやめられない４つの理由とは？

悪習慣がやめられない「４つの理由」は次の通りです。

1　すぐに得られる達成感
2　誰かと一緒にできる／注目される
3　ひまつぶし（現実逃避）
4　体の感覚

ひとつずつ解説していきます。

●1　すぐに得られる達成感

ゲームはかけた時間、磨いた技、課金した分だけ、即座にレベルが上がったり、強くなったりします。

現実世界では、努力に見合う報酬が即座に得られることはなかなかありません。野球の練習を10分がんばったからといって、すぐにレギュラーになれるわけではないし、英語の勉強を数年がんばったとしても、ペラペラになれる人はなかなかいません。

こんな現実世界と対照的に、ゲームの世界では比較的簡単に達成感を得ることができます。

まるで、**自分がスーパーヒーローになったかのように感じられます。これが私たちを虜《とりこ》にする**のです。

ゲーム以外でも言えるかもしれません。ＳＮＳの中では、自分の良い面だけを見せて、「いいね！」をもらって、リア充で好きな自分になれるというのもそれに近いでしょう。

また、動画配信サービスの中では、過去に見逃した連続ドラマをまとめて観ることができます。漫画も映画もそうでしょう。

また、YouTubeなどの動画はひとつずつは10分程度の短いものが多いですが、次々に関連動画をおすすめされてしまいます。

なんらかの「ストーリー」のあるものに関しては、人は引き込まれてしまいます。ある種の共感や好奇心のようなものが働いてしまうのです。

「続きが気になる！」と思ったときにすぐに観ることができてしまうのが、動画配信サービスに病みつきになるポイントなのです。

昔の連続ドラマならば、どんなに続きが気になっても、次回まで待つ必要があったため、気になりつつも、しかたなく日常を送ることができました。でも、ネット動画は無限に即座に欲求を満たしてくれます。

一般的に、**何かしたことに対して、レベルが上がるなどの報酬が即座にあると、人はどんどんそれにのめり込む**ことがわかっています。

反対に、**報酬が遅れると、人は熱心に取り組まなくなります。**がんばっても給料は上がらないし、支払いも遅れる会社で働いているようなものです。

ちなみに、報酬が必ずしも毎回出るわけではないけど、気まぐれに出たり出なかったりすると（そして、それがたまにだとしても高い報酬だったとしたら）、人はもっとのめり込むことがわかっています。これがギャンブルの仕組みです。

YouTube動画がやめられないアイさんは、まさに「美容系の情報をすぐに入手できる」「なんとなくためになった気がする」という理由が当てはまっているようです。

●2　誰かと一緒にできる／注目される

オンラインゲームでは「じゃあ、今日も19時にゲームで待ち合わせね」なんて約束をして、**一緒にゲームの世界を旅したり、戦ったりする**そうです。

中には、ゲームそのものに興味がなくても、友達と交流したいからしているという人もいるほどです。

また、ゲームが強くなると、ファンが増えて、カリスマ的な存在になれるそうです。ファンの中にはそのカリスマに、いろんな贈り物（オンラインで使える金券代わりのパスコードなど）を送ることもあるとか。この注目は病みつきになりそうですね。

さらに、ＳＮＳの「いいね！」の数やフォロワーの数で、自分の評価が左右されるような気持ちになる人もいます。

食事に行っても、目の前の友達よりも、ＳＮＳに投稿する写真撮影に夢中になっている人もいます。これらは、**「注目されたい」「愛されているかどうかを確かめたい」**といった理由だと言えます。

YouTube動画がやめられないアイさんが帰宅するひとり暮らしの家は、しーんと静まり返っていました。

YouTubeで誰かが話している声が部屋にBGMのように響いていれば、なんとなく誰かがいるような気持ちになれます。

●3　ひまつぶし（現実逃避）

何かにハマっている人たちに、「なんで○○ばかりしているの」と問うと、「ひまだから」「退屈だから」という答えが多く返ってきます。

実はこの答えは大人気の回答です。便利なんです。本人としては、嘘をついているわけではなく、本当のことだったりします。

しかし、私たちは本来なら〝ひま〟が怖くないはずです。ゆっくりできるし、何をしてもいい自由時間だからです。

しかし、「ひまをつぶしたい」と思ってしまうのはなぜでしょう。

退屈が嫌いだからでしょうか？　刺激が欲しいのでしょうか？　時間がもったいないと感じるからでしょうか？

おそらくですが、何も没頭するものがないと困るからでしょう。

何かに没頭していれば、嫌な気持ち、モヤモヤした気持ち、見たくない現実から目を逸《そ》らすことができるのです。

ひまになってしまうと、ごまかせなくなります。これまでフタをしていた、嫌な現実がつきつけられてしまうのです。

たとえば、職場でうまくいかない場合、そんな自分の状況を忘れたいぐらいつらいかもしれません。

そうした気持ちを一瞬でも忘れたいから、ゲームやスマホに没頭しているかもしれません。

私が相談を受けた人の中には、「明日の試験勉強が嫌過ぎる」という理由で朝までゲームをし続けていた大学生もいました。

他にも、「ゲームの代わりにお酒やタバコ、ギャンブルに甘いもの」などが当てはまるかもしれません。

YouTube動画がやめられないアイさんは、資格試験の勉強が憂うつでたまりませんでした。

YouTubeの世界に逃げ込めば、一瞬でも資格試験のことを忘れられたのかもしれません。

でも、実際はひとつの動画が終わるたびに、「ああ、こんなことしてる場合じゃないのに」と葛藤《かっとう》してモヤモヤしながら、またそれをかき消すために次の動画の再生ボタンを押し続けていたのです。

●4　体の感覚

子育て中の女性が、「イライラして、家族が寝静まった後にお菓子を食べちゃうんです」とおっしゃっていました。

よくよく聞くと、イライラするときには決まってスナック菓子をボリボリ食べるのだそうです。

一定のリズムで噛《か》みしめることで、振動や歯ごたえがちょっとしたストレス解消になっているのかもしれません。

また、ある人は「お酒を飲んでぽわーんとなった感じがいいんだよね」と言います。
これもまた体の感覚ですね。

このように、やめられない行動をしてしまう理由として、それをすることで、得ている体の感覚がたまらないということが考えられます。

ただ、YouTube動画がやめられないアイさんには、この理由はなかったようです。

あなたは、４つの理由の中でひとつでもピンとくるものがありましたか？

中には、４つとも当てはまるという方もいらっしゃるでしょう。

どれもピンとこないという方は、**次に、「そのやめられない習慣をしている最中に、自分をよく観察」してみてください。**

一体私はどうして「スマホを見続けているのかな？」「達成感があるのかな？」「続きが気になるのかな？」「誰かとつながりたいのかな？」「何か忘れたいことがあるのかな？」といった具合にです。

やめられない理由について、穏やかに自分に聞いてあげてください。

決して「いつまでもスマホで動画観てるんじゃないよ。最低だ！」なんて、自分に厳しい言葉をかけないでください。

もっと素朴《そぼく》に、「ん？ この動画って本当に観たいのかな、私」「あれ？ 今欲しいものってなんだろう」と呟《つぶや》いてみるのです。本当に欲しかったものに、目を向けてみましょう。

ピンとこなければ〝習慣の量〟に注目！

前述した4つの理由の中に、ピンとくる理由がなかった方もいらっしゃるかもしれません。そうした場合には、やめられない習慣の「量」に注目します。

ここ1カ月ほどで、

「〇〇した時間がなぜか長かった日は？ 反対に短かった日は？」

と振り返るのです。

たとえば、アイさんがYouTube動画を観た時間が長かった日に関しては、

「一番長かったのは先週の金曜かな。ちょうど上司にすっごい叱《しか》られた日だった。妙に落ち着かなくて、疲れて早めに布団に入ったんだ。寝ようとするのに、何度も上司の顔が浮かんで嫌だったから、動画を観ることで気分を紛らわしてたのかも」

などと思い出せるかもしれません。

反対に動画をほとんど観なかった日のことも同様に、

「みんなでわいわい焼き肉に行った日は、スマホを触らないなあ。家に帰ったらもうお腹いっぱいですぐに寝たし。さみしくなかったからかな」

などと、発見がありそうです。

長かった日、短かった日のデータが複数個ずつ集まれば、それらの共通点も見つけ

やすくなるでしょう。

もしかしたら、「さみしいときだけでなく、イライラしたときも動画を観てるなあ」など、別のパターンも特定されるかもしれません。


さて、こうして「やめられない習慣」の理由がわかってくれば、そのプロセスで十分スッキリして、自然とやめられない習慣が減っていく人もいます。

しかし、**多くの方におすすめしているのは、「やめられない習慣」の背景にある本当に欲しかったものを埋める行動をすること**です。

これを、「やめられない習慣の代わりとなる、同じニーズを満たす行動」という意味で**「代替行動」**と言います。

うまい代替行動が見つかれば、よくない習慣がやめやすくなることは先ほども述べた通りです。

でも、代替行動を見つけるのはなかなか簡単ではありません。そこで、代替行動の上手な探し方について説明します。

代替行動こそが〝やめるスキル〟
――「○○しない」目標は達成できない

「ダイエット中に食べたいものを我慢して体重が減ってきたけど、その後、我慢していた反動で以前よりも食欲が増してリバウンドした」という話はそこら中で耳にします。

こんなふうに、やせ我慢は続きにくいのです。

また、認知行動療法では、「もう動画は観ない」「食べない」「お酒を飲まない」などの「○○しない」という形の目標は達成しにくいと言われています。

動画を観ないために、食べないために、**その時間帯に何をどうすればいいのかわからないから**です。

これが、「これまで動画を観ていた時間帯には、代わりに資格の勉強をする」という目標ならば、実際に何をすればいいかがわかります。

でも、「資格の勉強をするとわかっていても、できないから困っているんだよ」という声が聞こえてきそうです。

この「代わりに何をするか」の中身が、目標設定でも大事になります。

前後を変えずに置き換えよう

「これまで動画を観ていた時間帯には、代わりに資格の勉強をする」という目標では、おそらくまた失敗に終わります。

なぜなら、動画を観るときにあるニーズ（本当に欲しいもの）が満たされないからです。

誰も「資格の勉強をしたいなあ」と思いながら動画を観ないからです。

資格の勉強はあくまで頭が「しなければならない」と思っているだけで、隠れたニーズがあるからこそ動画に向かってしまうということは前に述べた通りです。

YouTube動画がやめられないアイさんが帰宅後、誰もいない部屋で無音で落ち着かないときに誰かが話す動画を流しっぱなしにすれば、「なんとなく気が紛れる」とか、「イライラすることがあっても、動画を観ている間だけは忘れられる」などの理由で動画がやめられないとすれば、

・無音で落ち着かないからどうにかしたい
・イライラを忘れたい

がニーズです。

これらを満たす、動画視聴以外の行動を見つければ、それが代替行動になります。

たとえば、

・帰宅後、誰もいない部屋で無音で落ち着かないときに、**音楽を流せば、**ダラダラと動画視聴を続けることはなくなりそう

・イライラした気持ちを、

ホットコーヒーでもいれて、一瞬でも忘れられたらよさそう

四角で囲んだ部分（代替行動）の前後は変化していないことに注目してください。

あくまで**前後を変えずに（行動の機能、役割を変えずに）、動画視聴よりも自分にとってプラスになる行動を設定する**ことがポイントです。

音楽やコーヒーは、何時間にも及ぶ動画視聴に比べると、長く続かないものでしょうし、資格の勉強を始められないほどハマってしまうこともないでしょう。

しかし、多くの人は「納得！　じゃあ、今日から動画視聴をやめて、音楽をかけてコーヒーをいれることにするよ。そして、その後、資格の勉強をしてみるよ」とは言いません。多くの場合、実行に移しません。

なぜでしょう。

それは、音楽やコーヒーがその人のニーズを満たす手段として、馴染《なじ》んでいないからです。音楽に全く興味のない人もいますし、コーヒーにも好き嫌いがあります。

それでは、どうすればいいのでしょうか？

成功する「代替行動」を見つける４つのコツ

ここでは、やめたい習慣の代わりに何をするか（代替行動）を考える上で、満たすとうまくいく4条件をご紹介します。

●条件１　やめたい習慣の機能を満たす

これまで述べてきた通り、**やめたい習慣の機能（その行動の理由、果たしている役割）と同じ、代わりの行動を設定するのが絶対条件**です。

「無音で落ち着かないからどうにかしたい」という理由から動画を観続けてしまう人の場合には、この無音の落ち着かなさを解消するような「音楽をかける」などの行動が必要です。

●条件2　得意で興味あり

しかし、いくら音楽をかけて無音状態から抜け出すことができても、その人が音楽に全く興味がないとしたら、「音楽をかける」という代替行動は続かないでしょう。「うるさい」と感じるかもしれません。

もしかしたら、この人がかなりの動物好きで、ひとり暮らしの部屋に猫を飼って、その猫が帰宅を待っていてくれたら、猫をかわいがることで落ち着かなさは解消するでしょうし、猫をかわいがるという代替行動は続くでしょう。

しかし、多くの人は、「得意なこと」「興味のあること」を問われても、戸惑うものです。「そんなの特にない。人に誇れるような特技も何もないから資格の勉強でもしようと思っているのに」などという声が聞こえてきそうです。

そんなにハードルを上げなくても大丈夫です。人に誇れなくても、自分の中で比較的得意なものを探せばいいのです。

そこでおすすめしたいのが、**自分史を簡単に書いてみること**です。生まれてから現在までの「人生の浮き沈みグラフ」です。

自分史
幸せだった頃、不幸せだった頃

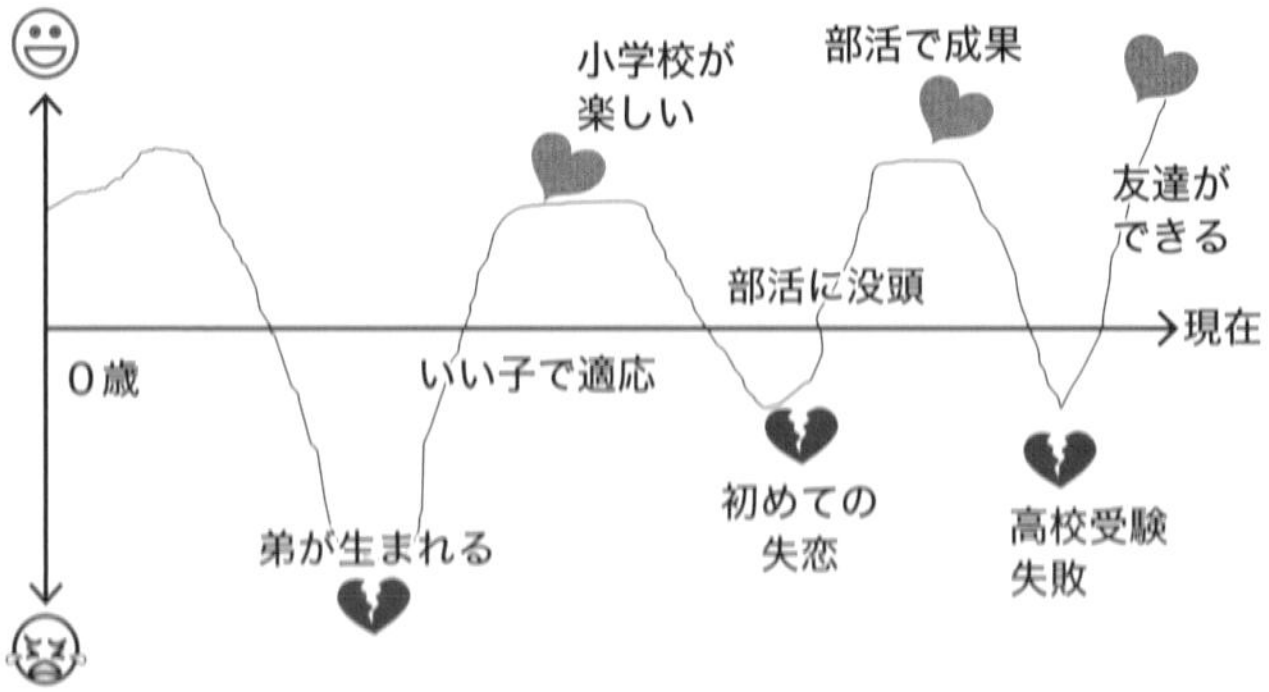

縦軸が幸せの度合いで、横軸が時間経過を表します。

上が幸せ、下が不幸せだとすると、あなたの人生は、どんな曲線を描くでしょうか？

上のグラフは、YouTube動画がやめられないアイさんが描いた「人生の浮き沈みグラフ」です。

まず、グラフの高い所に注目します。

その時期が「幸せ」だった〝きっかけ〟を思い出してみましょう。

アイさんの場合は、小学校時代に友達と毎日ゴム跳びで遊んだのが楽しかったことと、中学生のときにはバレー部に所属してみんなと協力しながら県大会に出場したことがきっかけでした。

複数の山のある人は、それぞれのエピソードに共通する特徴がないか分析してみましょう。

アイさんの場合には、「みんなと一緒に」が共通点のようです。つまり、アイさんはみんなと一緒に何か楽しんだり、成果を上げたりすることで幸せを感じるタイプだと言えます。

もちろん、みんなで協力する力もすでに持っているということになります。ということは、代替行動としても**「みんなで楽しんだり、何かを成し遂げたりすること」を設定**すればよさそうです。

たとえば、動画視聴にのめり込む代わりに、仕事帰りにバレーボールなどの団体競技のスポーツでもして汗を流すといいかもしれません。

●条件3　やめたい習慣と両立しない

やめたい習慣と代替行動を、**物理的に同時にすることができない**ならなおさら良いでしょう。

たとえば、動画視聴がやめられない女性がいつもiPadを使っている場合には、そのiPadで家族や友人とビデオ通話をすれば、その間は動画を観たくても観ることができません。

中には、朝まで自分では決して開けることのできないタイムロックコンテナにiPadを入れて、出せないようにしてしまうとか、家のWi-Fiの電源を切ってしまうなどの荒技に出る方もいます。

物理的にできないようにするこの方法は非常に効果的です。もちろんその場合にも、単に動画を観たくても観られないように制限をかけるだけではなく、本当に欲しかったものを満たすことが大切です。

●条件４　周りから評価される

たとえば、遠方でひとり暮らししているおじいちゃんとビデオ通話をすれば、喜んでもらえますし、親兄弟からは安否確認ができるとありがたがられるでしょう。

こんなふうに、「動画をダラダラ観ないためにしている代替行動」であっても、自然と誰かに感謝されたり、評価されたり、自分が得をしたりする結果が待ち受けていれば、その代替行動は続きやすくなります。

この4条件すべてを満たせなくても、どこかで意識していけば、やめたい習慣を効果的に置き換えることができるようになります。

本章では、やめたい習慣をやめるためには、**「まずそこに隠れた理由（行動の機能）を分析すること、そしてそれを満たすような別の行動に置き換えること」**が大事であることを学びました。

そして、その別の行動が、**「得意で興味のある」**もので、**「やめたい習慣と両立できない」**もので、**「周りから自然と評価が得られる」**ものであると継続しやすいことを学びました。

次章では、これらの手順をひとりでも日常的にやっていけるための「3分間のやめるノート」の書き方をご紹介します。

第3章

1日3分！やめるノートの書き方

～わずか4項目でやめられる「書く認知行動療法」～

今度こそやめる！　自分でできる認知行動療法

前章までに、やめたい習慣をやってしまう隠れた理由（行動の機能）を満たすような「別の行動（代替行動）」に置き換えることで、やめたい習慣がやめやすくなることを学んできました。

本章では、やめたい習慣をやめるための「3分間のやめるノート」の書き方をご紹介します。

ごく普通のノートとペンさえあれば、**1日3分間でやめたい習慣をやめるための認知行動療法が自分でできます。**

用意するものは、ごく普通のノートとペンです。

スケジュール帳にノート欄がある方は、そこに記入しても問題ありません。

毎日、無理なく記入を続けるために、ペンはノートにペンホルダーなどで固定できると良いでしょう。

さらに、ノートに書く時間帯も決めることをおすすめします。

1日の終わりに今日1日を振り返って書いていただきたいので、**なるべく1日の終わりのほうにノートタイムを設けます。**

たとえば、「夕食の後、お茶でも飲みながら」、「明日持っていくものを準備する時間に」、「寝る前にベッドで」など、すでにルーティンになっている行動とセットにすると習慣化しやすいでしょう。

ここまでで準備は終わりです。いよいよノートに書き込みます。

シンプルに！ やめるノートに「書くこと」と「書き方」

ノートに日付を書いたら、以下の4つを記入します。

●3分間のやめるノートに書くこと

1 今日の出来事（やめたい習慣に関連していそうなものに○《マル》をつける）
2 やめたい習慣の量
3 本当に欲しかったもの
4 代替行動（うまくいったものに○をつける）

1項目1行程で書いていきます。

あまり長く書くのではなく、多くてもなるべく2、3行にするようにしましょう。

そのほうが、日々の傾向をつかみやすくなるからです。

初めのうちは書けない部分があっても大丈夫です。

このノートは、次の手順で書き込んでいきます。

ノートに書くこと

日付	①今日の出来事（やめたい習慣に関連していそうなものに○）	②やめたい習慣の量	③本当に欲しかったもの	④代替行動（うまくいったものに○）

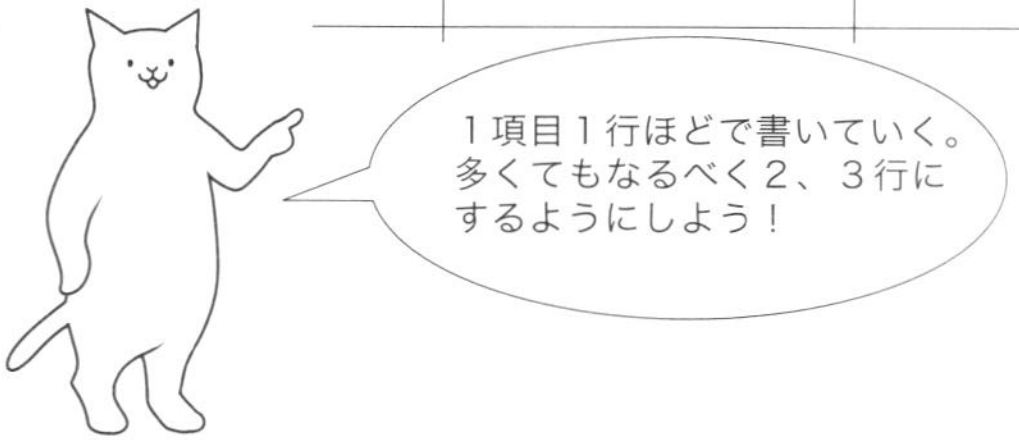
1項目1行ほどで書いていく。多くてもなるべく2、3行にするようにしよう！

●3分間のやめるノートの記入手順

ステップ1　今日の出来事を記入する
ステップ2　やめたい習慣の量を記入する
ステップ3　やめたい習慣の増減に関係しそうな出来事を特定し、隠されたニーズを探る
ステップ4　代替行動を見つけ、検証する

それぞれのステップについて説明します。

ここで再び、動画ばかり観て資格試験の勉強を始められないアイさんに登場してもらいます。アイさんはこんなふうに書きました。

【ステップ1　今日の出来事を記入する】

「日付」を書き、「1　今日の出来事（やめたい習慣に関連していそうなものには○

をつりる）」の欄に今日の主な出来事を記入します。

7月22日に**「仕事のミスで上司に叱られた」**といった具合に、簡潔に書きます。

【ステップ2　やめたい習慣の量を記入する】

次に、「2　やめたい習慣の量」を記入します。

動画を観過ぎてしまう人なら「動画の視聴時間」でもいいでしょうし、観るタイミングも問題なのなら、「何回観ているか」「どの時間帯に観ているのか」を記入しておくといいでしょう。

iPhoneのスクリーンタイムを活用すれば自然とデータがとれます。

食べた量、飲んだ量などもわざわざ計量する必要はありませんので、ご飯1杯とか、ビール3杯などのように無理のない範囲で記録します。

動画視聴がやめられないアイさんは、動画を観ている時間を初めて記録してみました。

すると、仕事を終えて帰宅してから寝るまでの時間のうち**4時間も視聴している**ことに気づいて驚きました。

私たちは習慣的にやっていることについて、すぐに慣れてしまって、量だけでなく、悪習慣に陥《おちい》りがちなパターンにも気づかないものです。

アイさんも、「こんなに長くてびっくり！」と、目を逸《そ》らしたいほどの衝撃を受けましたが、これがやめる動機につながるものです。

【ステップ３　やめたい習慣の増減に関係しそうな出来事を特定し、隠されたニーズを探る】

再び、「1　今日の出来事（やめたい習慣に関連していそうなものに〇）」に目を向けます。

今日の出来事の中で、やめたい習慣に影響を及ぼすようなことはあったでしょうか？　あったとしたらどれでしょうか？

アイさんは、今日の出来事のうち、**「仕事のミスで上司に叱られた」**ことが、動画を4時間も観たことにつながっていると判断しました。

出来事の中には、こんなふうに、やめたい習慣を増やしていることもあるでしょう。

反対に、**「友達と食事へ行った」**ことや**「上司に交渉した」**ことは、動画視聴の時間を減らしていたようです。このように、やめたい習慣を減らしている出来事もあるでしょう。

どちらも大事なデータですので、**関連するものには文頭に○をつけておきます。**

こうした作業の中で、「3　本当に欲しかったもの」が見えてくるでしょう。

アイさんは、**「誰かに自分のことをわかってほしい」**ということが本当の望みだったのかもしれません。

ノートを見ると、日を追うごとに「本当に欲しかったもの」がはっきりしていっています。

実際、動画を観たくなったときの自分を観察していると、**「つらい気持ちを誰かに共感してほしい」**と考えている自分に気づいていきました。

【ステップ４　代替行動を見つけ、検証する】

最後に、本当に欲しかったものを埋めるための行動を考えます。

やめたい習慣よりも、もっと安全で、コストもかからず、健康リスクも少なく、長い目で見ても人間関係にダメージを与えない行動を考えます。

アイさんの場合には、「誰かに自分のことをわかってほしい」ので、動画を長時間観続けて睡眠不足になるよりは、**「気心知れた友達と食事に行く」「同僚にランチがてらグチってみる」「上司に相談する」**という行動のほうが健康を害さないわけです。

こうして、おそらく自分のことをわかってもらえると見込まれる代替行動を考えたら、実際に試してみます。そして、検証が大切です。

実際に、友達と食事に行った7月25日には**動画視聴の時間は0《ゼロ》**でした。

食事に行っている時間は家にいないので、動画を物理的に観ることができなかったという見方もできます。

しかし、帰宅してお風呂に入り、眠りにつくまで動画を観なかったのは、「友達に自分のことをわかってもらえた」と感じられたからかもしれません。

同様に、同僚にグチを言った7月28日には、動画視聴はいつもの**4時間から2時間**

に減っています。

さらに、上司に相談した7月29、30日には2日連続、**動画視聴を0**にできています。これらも代替行動になっていたようです。

代替行動のうち、**うまくいった行動（欲しかったものが満たせて、やめたい習慣が少しでも減らせた行動）には、◯をつけておきましょう。**

次からは、やめたい習慣に手が伸びそうになったら、すかさずその行動をとるようにします。

もしも、どうにも代替行動をする気になれないとしたら、第2章の「代替行動のつくり方」を参考に、「自分の得意なことや興味のあることになっているか？」「その行動をとることで、周りから評価されるか？」「やめたい習慣と同時にすることが不可能か？」といった視点から見直してみると良いでしょう。

アイさんの場合は、みんなで協力して何かを成し遂げることに長《た》けていますから、**同じ資格試験を受ける仲間を募って勉強会を開く**とか、**勉強をがんばったご褒美《ほうび》に食事会をする**といったことも向いていそうです。

アイさんのノートの例

日付	①今日の出来事	②やめたい習慣の量	③本当に欲しかったもの	④代替行動
7月22日	○仕事のミスで上司に叱られた	帰宅して寝るまで4時間	上司にわかってほしかった。誰かに慰めてほしい	
7月23日	同僚とランチしたら、同僚も最近仕事のミスで叱られたらしいことを聞いた	寝る前布団で2時間	叱られて凹んでるのは私だけじゃないんだと思いたかった？	
7月24日	○終日外勤でヘトヘト	帰宅して寝るまで4時間	ゆるみたかった？	
7月25日	ふつうの日　友達と食事へ	観なかった	話しまくりたかった	○友達と食事
7月26日	○仕事が多くて不安	帰宅して寝るまで4時間	仕事から逃げたい	
7月27日	上司に仕事の量が多過ぎると相談したのにどうにもならず	帰宅して寝るまで4時間	上司にわかってほしい	上司に相談
7月28日	上司にイライラ	寝る前布団で2時間	誰かわかってほしい	○同僚にグチを言う
7月29日	○再度上司に現状を伝えて、交渉した。今度は手応えあり	観なかった	上司にわかってほしい	○上司に相談
7月30日	○上司が仕事を分配した	観なかった	上司がわかってくれた	○上司に相談

（※わかりやすい事例とするため、休日を考えずに作成しています）

以上が、3分間のやめるノートの書き方です。いかがでしたか？

もしかしたら最初のうちは、「ステップ3　やめたい習慣の増減に関係しそうな出来事を特定し、隠されたニーズを探る」で少し手が止まってしまうかもしれません。習慣化した行動に隠されたニーズなんてなくて、ただクセになっているだけのように感じられるからです。しかし、ねばり強く自分を観察してください。

毎日1行ずつデータを増やしていけば、少しずつ客観視できるようになってきます。第2章の「悪習慣がやめられない4つの理由」を参考にすると、ヒントが得られます。続けていくことで、ノートの上に自分の姿があぶり出されていきます。**思わぬ自分を発見することができるでしょう。**

この章では、3分間でやめるノートの書き方について解説しました。

しかし、いざ実践するとなると、もう少し自分と似た誰かの実践例を見ておかなければ、イメージができにくいかと思います。

ですから、次章からは5名のやめられない習慣に悩む方々が、3分間のやめるノートを通して変化していくお話をご紹介したいと思います。

第 4 章

ゲームへのハマりから抜け出そう！

〜ゲームばかりして1日が過ぎるカイトさんのノート〜

ゲームの存在は知らぬ間に大きくなっている

ゲーム産業の発展には目を見張るものがあります。
ゲームは娯楽として、時には運動を継続するフィットネスの補助として、誰かと一緒にゲームの世界を冒険するなど、社会的つながりを得られる場所としても機能しています。今やゲームは私たちの生活にとって大きな存在となっているのです。

一方で、ゲームのデメリット面も出てきています。

まず、長時間近くを見つめる作業をするため、子供の近視と関係があると言われています。

大人では、**「本来しなければならないことをほったらかして、ゲームに没頭してしまっている」**という問題が起こっています。

それは、仕事や家事や育児だったり、大切な誰かとの会話や約束だったりするかもしれません。

睡眠や食事といった自分の体を労《いた》わる時間を減らしていたり、なんにもせずにぼんやりする時間を奪っているかもしれません。

この章では、ゲームばかりで休みの日が終わってしまい、「これでいいのかなあ」と漠然《ばくぜん》と考えている男性の例をご紹介していきます。

ゲームのことで頭がいっぱいのカイトさんの1日

休みの日はゲームばかりのカイトさん（仮名、20代男性、消防士、独身、ひとり暮らし）。

カイトさんは消防士として勤務して2年目の男性です。仕事にも慣れてきて、やりがいも感じています。

もともと幼少期から活発で運動神経がよかったカイトさんにとって、さまざまな現場に向かって救助活動にあたるこの仕事は向いていたようです。

しかし、休みの日の過ごし方について「このままでいいのだろうか……」と漠然と思っています。

なぜなら、休みの日のほとんどの時間をゲームに費やしているからです。

カイトさんのパターンはだいたいこうです。

昼前に一度目を覚ますものの二度寝、三度寝を繰り返し、トイレに行きたくなって起き上がった後は、布団に寝転んだまま朝食もとらずにゲームを始めます。

一度始めるとだいたい深夜まで続きます。気づけば、カーテンも開けないまま、炭酸飲料だけを飲んで休みの日が終わります。

「仕事でこれだけがんばっているんだから、たまの休みぐらい何したっていいじゃない」と思われた方も多いでしょう。カイトさんもそう思っていました。

ただ、最近同級生がちらほら結婚し始めると、カイトさんはこう思いました。

「あれ、俺ってずっとこの生活を続けるのかな」

でも、気楽なこの生活も悪くないなとすぐに考え直しました。結婚した友達が家庭のグチを言っていたのを思い出して、

「まあ、下手な相手と結婚するぐらいなら今の生活のほうがいい」

と、カイトさんは考えてゲームを続けます。

そんなある日、高校時代の同級生がカイトさんの住む都市に出張になり、夜、お酒を飲みに行こうと誘ってくれました。仲良しの男友達で、会うのは卒業して以来です。

カイトさんは、その友達と19時に店で待ち合わせることにしていました。

しかし、その日の昼から始めたオンラインゲームがやめられずにいました。カイトさんのしているオンラインゲームは、ネット上で複数の仲間と一緒に旅をしながら戦うというものです。

自分が途中で抜けてしまうと、他の人たちに迷惑がかかるし、これまでがんばって手に入れてきたものが台無しになるような気がしました。

「あと少し、あと少し」

約束の時間に間に合うギリギリまで続けていましたが、どうにもキリがよくありません。

「なんでもっと遅い時間に約束しなかったんだろう」

カイトさんは、後悔すらしながらゲームを続けていました。友達には遅れる旨を伝えて、ゲームを優先します。

20時に友達と合流したものの、カイトさんの頭の中はゲームのことでいっぱいで、あまり楽しめません。

友達は結婚したばかりで、妻との馴《な》れ初《そ》めや新婚生活のこと、生まれたばかりの子供のことを話していました。

カイトさんにとってはあまり興味のない話ばかりで、おめでとうと言いながらも、よくそんな不自由な生活に耐えられるなあ、としらけた気持ちでいました。

高校時代に一緒にバカをやっていた仲間が、真面目に家庭を築いているのは変な感じです。ひとりだけ置いていかれたような気持ちがしました。

帰り道に歩きながらこう考えました。

「あーあ、やっぱり家でゲームしてたほうが楽しかったな。取り戻さないと」

帰宅後は、いつもよりも熱心にゲームに打ち込みました。

ゲームと生活のバランスをとるためにノートを始める

カイトさんは、なんだかモヤモヤしているようです。生き方はそれぞれですので、生独身でゲームを楽しむ人生も良しです。

しかし、カイトさんはなんだかスッキリしていません。自分の生き方を肯定できていないのです。

カイトさんは、この友達との一件に限らず、職場の飲み会、先輩からの釣りやツーリングの誘いもことごとくめんどうになっていました。余暇をゲームに捧《ささ》げているからです。

こんな生活が続いているので、休み明けのカイトさんは寝不足で体がだるく、ふてくされたような顔で出勤します。

20代後半のカイトさんは、体力には自信があるほうでしたが、最近はちょっとつらくなってきています。

カイトさんは時々こう考えるようになりました。

「俺はゲームばかりして何をしてるんだ。かといって、他にやりたいことなんて思い浮かばない」

カイトさんは途方に暮れてしまいました。

「でも、俺は一応仕事にはちゃんと行ってるし、この暮らしが嫌いじゃない。仕事のときは嫌でも人と接しなければならない。
だから、休みの日ぐらいひとりになりたい。誰にも気を使わずに、ゲームに没頭したいんだ。
ただ、もう少し寝たいかな。まともな料理も食べたいかな。大事な友達関係は失いたくないな」

人生で何を成し遂《と》げたいかなんてよくわからないけれど、プライベートでも、もう少し人間らしい生活をしたいなあという感じでしょう。

カイトさんは、ゲームと自分の生活のバランスがとれるように、「3分間のやめるノート」を書くことにしました。

カイトさんの3分間ノート

カイトさんは、休みの日のみノートに記録することにしました。

【ステップ1　今日の出来事を記入する】

7月23日	○特に何もなかった
7月27日	ひまだったし外が暑かった
7月30日	特に何もなかった
8月1日	なんとなくさみしいなと思った
8月6日	○スーパーに買い物に行った
8月9日	○明日から嫌な上司と仕事だなと思って凹んだ
8月13日	○寝起きに友達とメールした
8月15日	職場のバーベキューに参加
8月19日	体調が悪くて寝ていた
8月21日	○友達を家に招いて料理をふるまった

カイトさんは、ゲームを中心に生活しているので、ティッシュペーパーなどの生活必需品の買い出しすらせず、布団の上に寝転びながらゲームをします。

当然、着替えもヒゲ剃《そ》りも洗顔もしません。トイレに行くぐらいで、ご飯も食べずに甘い炭酸飲料で空腹をしのぎながらゲームをします。

なので、「今日の出来事」という欄を埋めるのに苦労しました。初日の7月23日の記録には**「特に何もなかった」**と書いてみました。

「俺の休日って、本当になんもないな」

と実感してむなしくなっただけでした。

次の休みの日には、**「ひまだったし外が暑かった」**と書いてみました。ゲーム以外に何もしていない現状が把握できました。

しかし、後半に進むにつれて、少しずつ休みの日の出来事が増えていることにご注目ください。**スーパーに買い物に行ったり、職場のバーベキューに参加したりとカイ**

トさんがいろんな活動を書き入れています。

また、**「明日から嫌な上司と仕事だな」**といった、自分自身の気持ちに目を向けられるようになったのも大きな変化です。

【ステップ2　やめたい習慣の量を記入する】

7月23日	午前11時に起きて寝る0時まで
7月27日	午前11時に起きて寝る0時まで
7月30日	午前11時に起きて寝る0時まで
8月1日	午後2時から寝る午前2時まで
8月6日	午後4時から寝る0時まで
8月9日	午前11時に起きて寝る0時まで
8月13日	午後2時から寝る0時まで
8月15日	帰宅後午後8時から午前2時まで
8月19日	午前11時に起きて寝る0時まで
8月21日	午後11時から寝る0時まで

これまでゲームをしている時間なんて記録したことのなかったカイトさん。初日もその次の日も**13時間ほどゲームしていることに気づきました。**

「自分の中では、０時を超えないようにと制限ができているのは偉い」

と自分を褒《ほ》めてもみました。

オンラインゲームで仲間が合流するのは、だいたい23時以降。深夜は盛り上がります。カイトさんが次の日の仕事に備えて、０時にはゲームを切り上げることができているなんてすごいことです。それほどカイトさんにとって仕事は大事でした。

「俺、消防士になれてなかったら、間違いなくゲームしまくってたな」

カイトさんにとって天職とも言える消防士の仕事。このおかげで歯止めが利いているのは確実そうです。

一方で、カイトさんはこうも思いました。

「とはいえ、13時間もゲームをするのはちょっとやり過ぎだな」

【ステップ3　やめたい習慣の増減に関係しそうな出来事を特定し、隠されたニーズを探る】

7月23日	わからない
7月27日	ひまつぶし
7月30日	ひまつぶし
8月1日	オンラインゲーム仲間と交流
8月6日	なんとなく惰性で
8月9日	現実逃避
8月13日	誰かと話したかった
8月15日	職場の人に気疲れ
8月19日	ダラダラしたい
8月21日	誰かに会いたい

カイトさんは正直、このステップ3に苦労しました。ゲームはただのひまつぶしと思っていたからです。

しかし、**「オンラインゲーム仲間との交流」**が楽しみであること、**「明日の仕事からの現実逃避」「職場の人への気疲れ」などが、ゲームの量と関係している**ことに徐々に気づいてきました。

もちろん、休みの日ぐらいダラダラして、体も心も休めたいニーズが自分にあることも大切にしました。

「俺って、意外と人に気を使うタイプなのかもしれない。それで疲れて休みの日はひとりになりたがる。

でも、そのくせさみしがりなのかな。オンラインゲームの仲間はリアルな友達や職場の人よりも気を使わずにすむし、マイペースに都合良くつき合えるからハマるのかな」

カイトさん、自己分析が進んでいますね。

カイトさんの本当に欲しかったものは、職場の人間関係からちょっと距離を置いた、気を使わずにすむ人と会うこと、そして、身も心も休めることのようです。

【ステップ4　代替行動を見つけ、検証する】

7月23日	
7月27日	
7月30日	
8月1日	
8月6日	○買い物
8月9日	
8月13日	○友達とメール
8月15日	バーベキュー
8月19日	
8月21日	○友達を家に招く 料理

カイトさんは休みの日には、あまり気を使わずにすむ人と過ごしたり、身も心も休めるような、ゲーム以外の方法を探りました。

カイトさんは8月6日には、**スーパーに日用品を買いに行きました。**休みの日に出かけるのは珍しいことで、ちゃんと顔を洗ったりコンタクトレンズを入れたり、着替えたりするだけで気持ちがしゃんとしました。

いつも日用品の買い物は仕事帰りにコンビニですませていたので、久しぶりにスーパーの広い店内に入り、豊富な品揃《ぞろ》えに目がクラクラするほどでした。

「たまには来てみるもんだな。トイレットペーパーしか買わない予定だったけど、そういえば、風呂用の洗剤がなくなってた。歯ブラシも欲しかったんだ。買っとこう」

こんな具合に、いろいろ買い物をしました。なんだか急に人間らしい豊かな生活になるもんだなと思えました。

買い物に行くための身支度や移動時間などで、この日のゲームの時間は**5時間ほど減らせました。**代替行動としてはなかなか良いようです。

もともと買い物など興味のなかったカイトさんでしたが、行ってみると予想外に満足度が高かったようです。

8月13日のカイトさんはお疲れでした。前日が泊まり勤務だったからです。

長時間ゲームする体力はないけど、**なんとなく人恋しい自分にも気づきました。**こんなふうに自分の気持ちに気づけるようになるのは大きな変化です。

カイトさんはその気持ちに忠実になって、**この間お酒を飲んだ高校の同級生にメッセージしました。**「また飲もう」というだけの他愛もないメッセージでしたが、何往復かやりとりをして満たされました。

いつもより、**3時間ほどゲームの時間を減らせました。**

8月21日には、カイトさんは大改革に出ました。

これまでの代替行動は、「買い物」「友達にメッセージ」などで、それなりに効果は出ましたが、どれもイマイチ自分の好きなものではなかったため、改めて自分の得意なことや興味のあることについて考えてみたのです。

カイトさんの勤務先の消防署では、勤務の際に職員の食事をつくる機会が多いので、料理はできるほうです。それに、食べることは大好きです。

最近疲れ気味で、休みの日にまともな食事を食べていないこともあって、カイトさんは誰かに美味《おい》しい食事をつくって、一緒に食べたいと思いました。

そして、相手からお礼を言われたらどんなにうれしいだろうとも思いました。そうすれば、代替行動が自然に評価されます。

カイトさんは早速、一緒にいて気楽な人は誰だろうとスマホの電話帳を上から順に探しました。交代制勤務のカイトさんにとって、平日休みに共に過ごせる人が少ないのもゲームにハマった一因でしたが、連絡帳には学生時代の同級生でちょうど同じく交代制勤務で平日休みのある友達が見つかりました。さっそく自宅に招いて、ごちそうすることにしたのです。

友達を家に招くにあたって、カイトさんは久しぶりに家を本気でそうじしました。誰かを招くことなんてこれまで思いつきもしませんでした。きれいになった部屋を見て、気持ちがさっぱりしました。カイトさんは得意のパエリアを振る舞いました。

友達もまたひとり暮らしで最近誰かにつくってもらった料理など食べていないと、大変喜んでくれました。２人で学生時代の話で盛り上がり、これを機に時々、休みのときに遊ぶ約束をしました。

この日のカイトさんは友達が帰った後に少しだけゲームをしましたが、もう以前のようなゲームに対する執着はありませんでした。リアルの友達で満足できたからです。

その日のカイトさんは満たされながらも、心地良い疲労感で眠りにつきました。

カイトさんのノートの例

日付	①今日の出来事	②やめたい習慣の量	③本当に欲しかったもの	④代替行動
7月23日	○特に何もなかった	午前11時に起きて寝る0時まで	わからない	
7月27日	ひまだったし外が暑かった	午前11時に起きて寝る0時まで	ひまつぶし	
7月30日	特に何もなかった	午前11時に起きて寝る0時まで	ひまつぶし	
8月1日	なんとなくさみしいなと思った	午後2時から寝る午前2時まで	オンラインゲーム仲間と交流	
8月6日	○スーパーに買い物に行った	午後4時から寝る0時まで	なんとなく惰性で	○買い物
8月9日	○明日から嫌な上司と仕事だなと思って凹んだ	午前11時に起きて寝る0時まで	現実逃避	
8月13日	○寝起きに友達とメールした	午後2時から寝る0時まで	誰かと話したかった	○友達とメール
8月15日	職場のバーベキューに参加	帰宅後午後8時から午前2時まで	職場の人に気疲れ	バーベキュー
8月19日	体調が悪くて寝ていた	午前11時に起きて寝る0時まで	ダラダラしたい	
8月21日	○友達を家に招いて料理をふるまった	午後11時から寝る0時まで	誰かに会いたい	○友達を家に招く料理

ゲームにハマりやすい人の共通点

ゲームにハマる人々にお会いしていて、共通する特徴のようなものに気づきました。

私は当初、「ゲームというひとつのものにハマって夢中になるぐらいの人なので、物事に熱中しやすい、研究熱心なタイプの人が多いのではないか」と思っていました。

いわゆる飽きっぽく、移り気な性格の人はゲームにハマらないと考えていたのです。

それよりは、いわゆる「オタク」気質の人のほうが没頭すると考えていました。

しかし、実際にはそのようなタイプの人ばかりではありませんでした。

小さい頃から落ち着きがなく、高い所から飛び降りてはケガをするほど活発だった人で、完全なアウトドア派の明るい性格の人が「実はゲームにハマっていまして……」とおっしゃったりするのです。

休みの日には1日中布団から抜け出さないままゲームをしているという、見かけからは想像もつかない地味な生活を送っています。

たいていの人は、「あの人は若いときにたくさん遊んだからもう落ち着いたんじゃないの」などと気休めを言いますが、実際には、本人は「自分はどうしちゃったんだろう」と悩んでいることが多いのです。

これまで勉強にも、何か特定の趣味にもことごとくハマれなかった人でも、ゲームは人を虜《とりこ》にする魅力を持っているのです。しかし、よくよく話を聞くと、**より深みにハマったのは、人生がうまくいかなくなってからという人が多い**のです。

仕事で自信を失ったり、結婚生活が破綻《はたん》したり、親友と呼べる人を失ったりしたことを契機に、だんだんと社会から取り残されていくような気がして、ひとりの時間が長くなったというのです。

こうした状況では、もはやゲームにハマるというより、ゲームの世界にしか居場所がないとも言えます。悲しいけれど、そうした大人が増えています。

ゲームにハマる3つの理由とは？

カイトさんのようにゲームにハマる人は、何を得ようとしているのでしょうか？
ここで、よくある「ゲームがやめられない３つの理由」をご紹介したいと思います。
先に紹介した人間の行動の理由を、ゲームに特化した形につくり替えています。

●よくあるゲームがやめられない3つの理由

1　達成感がすごい！（活動が得られる）
2　誰かと一緒にできる／注目される（社会的注目）
3　ひまつぶし（現実逃避）

ひとつずつ解説していきます。

●1 達成感がすごい（活動が得られる）

ゲームはかけた時間、磨いた技、課金した分だけ、即座にレベルが上がったり、強くなったりします。

現実世界では、努力に見合う報酬が即座に得られることはなかなかありません。英語の勉強を10分がんばったからといって、すぐに英語の成績が上がるわけではないし、バスケットボールの練習を数年がんばったとしても、必ずレギュラーになれるわけではありません。

努力は実らない場合も多くありますし、時間がかかります。

こんな**現実世界と対照的に、ゲームの世界では比較的簡単に達成感を得ることができます。**

まるで自分がスーパーヒーローになったかのように感じられます。これが、私たちを虜にするのです。

●2　誰かと一緒にできる／注目される（社会的注目）

オンラインゲームで知り合った友達と、「じゃあ、明日も19時にゲームで待ち合わせね」なんて約束をして、一緒にゲームの世界を旅する人たちが増えています。中には、ゲームの中にしか友達がいない人もいるほどです。

また、ゲームが強くなると、ファンが増えて、カリスマ的な存在になれる仕組みもあるそうです。

ファンの中にはそのカリスマに、いろんな贈り物（オンラインで使える金券代わりになるパスコードなど）を贈ることもあるとか。**この注目は病みつきになりそうですね。**

●3　ひまつぶし（現実逃避）

ゲームに没頭している人の多くがゲームをする理由についてこう言います。

「ただのひまつぶしだよ」

カイトさんもそうでしたね。実はこの答えは、大人気の回答です。**便利だからです。嘘をついてるわけではなく、結構本気だったりします。**

私たちは本来なら「ひま」が怖くないはずです。ゆっくりできるし、何をしてもいい自由時間だからです。

でも、「ひまをつぶしたい」と思ってしまうのはなぜでしょう。

退屈が嫌いだから？　刺激が欲しいから？　時間がもったいないから？

何も没頭するものがないと、困るからでしょう。

何かに没頭していれば、嫌な気持ち、モヤモヤした気持ち、見たくない現実から目を逸らすことができます。ひまになってしまうと、自分をごまかせなくなります。これまでフタをしていた、嫌な現実が突きつけられてしまうのです。

たとえば、職場で叱られてばかりの場合、そんな自分の状況を忘れたいぐらいつらいかもしれません。そうした気持ちを一瞬でも忘れたいからゲームに没頭しているかもしれません。

あなたは、今ご紹介した3つの理由のうちどれに当てはまりそうですか？　ゲームそのものも楽しいと思いますが、他にも欲しいものがあるかもしれない、と一度考えてみてください。

ゲームハマりから抜け出すための代替行動

ここでは、ゲームをしたくなる理由別に効果的な代替行動をご紹介します。

●「達成感がすごい！」への対処法

ゲームは人が達成感を得て、もっと続けてプレイしたくなるような仕組みが非常に巧妙に仕込まれています。脱帽です。

ゲーム依存にならないための対処の方針は「ゲームの〝人を魅了してしまう仕組み〟を、現実生活にも取り入れる」です。

具体的には、

「努力に見合う報酬が即座に得られるように、課題を小分けにし、ご褒美を配置する」

ことが大切です。

筋トレを10分がんばったからといって、すぐに引き締まった体になれるわけではないけれど、腕立て50回できた日にはカレンダーにシールを貼る。それが10枚貯まったら、「野球観戦に行ける！」などのご褒美システムを設定してもいいでしょう。

英語の勉強を数年がんばったとしても、ペラペラになれる人はなかなかいませんが、毎日25分間オンライン英会話をすれば、累積勉強時間が表示されるとか、ポイントが貯《た》まってランキングが表示される。こういうシステムを利用してもいいでしょう。

ここで大事なのは、**「筋トレ」という漠然とした大きな課題が、「腕立て50回」という小さな課題に小分けにされている**ことです。

「英語の勉強」でも同様に「25分間のオンライン英会話」としています。具体的で、カウントできるものにすることで終わりが見えて、がんばりやすくなります。

そして、即座に報酬です。「シールを貼るだけ」「ポイントが貯まるだけ」と言えばそうなのですが、実際にやってみると意外なほど達成感があります。

もちろんその程度ではやる気がわかない方もいますから、「シールが貯まったら野球観戦」など、もっと実際的なご褒美もセットにすると良いのです。

●「誰かと一緒にできる／注目される」への対処法

ゲームで友達と待ち合わせている、もしくは、ゲームの世界ではカリスマであるといった場合、ゲームからますます離れにくくなります。

この場合、**リアルな世界で、人と交流する楽しさを実感するのが一番**です。しかし、なんらかの理由でこれができないからこそ、ゲームの世界が居心地良くなるのです。

たとえば、「もともと人づき合いがうまくなくて、友達と話すときに、自分の話ばかりしてしまう」という人がいたとします。

そのため、同年代とリアルで話をすると「あの子、自分の話ばっかり」と疎《うと》まれてしまって、なかなかうまくいかないのかもしれません。

でも、ゲームの中で知り合った人とのコミュニケーションなら、そんなことを気にする必要がありません。そうして、会ったこともないゲームの世界の人としかコミュニケーションがとれなくなっていくのかもしれません。

それはそれでありじゃないかという考えも悪くないのですが、「自分のことを〝1〟話したら、相手のことを〝1〟聞く」とか「相手が話したくなるような質問の仕方」などを練習すれば、リアルの同世代と仲良くできる可能性が出てきます。

●「ひまつぶし」への対処法

ゲームをひまつぶしでやっていると言いながら、実はひとりでは抱えきれないほどのつらいこと、悲しいことが起こっている人もいます。

中には自分自身のふがいなさや、愛されていない現実と向き合うことがつらいという人もいます。

こうしたつらさをひとりだけで抱える必要はありません。周りにも同じように悩んで困っている人はたくさんいます。

勇気を出して打ち明けてみると「なんだ、私だけじゃなかったんだ」と安心できて、避けていた問題に向き合う勇気をもらえるでしょう。**人に助けを求めることも必要**です。

プライドが邪魔するかもしれませんし、相手への遠慮もあるでしょう。でも、案外人は頼られるとうれしいものです。まずは連絡してみましょう。

ここまで、やめられない理由別に対処法を述べてきましたが、それでもゲームはなかなかの強敵です。

物理的に「見えなくする」「触れられなくする」などの対策も併せて使っていきましょう。タイムロックコンテナにゲームを入れたり、中にはルーター本体を誰かに預かってもらうという人もいました。先にも触れましたが、タイムロックコンテナとは、自分で設定した時刻までスマホなどを操作できないように入れておく容器のことです。

物理的な力も借りながら、リアルな人生を謳歌《おうか》してみてください。

カイトさんの、ノートの事例を紹介してきましたが、いかがでしたか？

具体的な例を読んでいくと、「３分間のやめるノート」の使い方がおわかりいただけたかと思います。

カイトさんには、休みの日にゲームばかりということ以外、特に困ったことも、やりたいこともありませんでした。

そのままでは、「まあ、好きに生きてるだけで、誰にも迷惑かけてないからいいや」とゲームに時間を奪われていたかもしれません。

本書を通して、やめたい習慣をやめること以上に、もしその習慣をやめられたとしたら、どんなことに人生の貴重な時間を使いたいか？　と自問自答していただければ幸いです。

さて、ノートの事例は、まだまだ続きます。

第 5 章

SNSへのハマりから抜け出そう!

～資格試験の勉強中についつい
SNSをしてしまうヒナさんのノート～

スマホがひとり1台の時代、
SNSにはいつでもどこでも接触することができてしまいます
勉強しなければいけないのに
SNSが気になって手につかない
SNSにハマる理由は4つ！
この章ではヒナさんのノートをお手本に
フムフム
ヒナさんのノート
SNS依存から抜け出す方法を学んでいきましょう！

身近になり過ぎたからSNSにハマるのは当然

ＳＮＳは今や一部の有名人だけのツールではなく、誰もが発信者となれる身近な存在になりました。

オシャレなカフェやレストランでは、老若男女問わず、運ばれてきた料理を食べる前に何分間も写真撮影をするのに夢中になっている人を見かけます。

誰もが、自分の私生活を投稿する時代です。コロナ禍で、対面で会えない時期には、SNSを通じて誰かと交流したり、励まし合ってつながりを補う役割も果たしました。

しかし、中には、「そんなに食べたいわけじゃないけど、〝映える〟から欲しい」と、かわいいマカロンや流行のドリンクを購入し、撮影が終わると誰かにあげて自分は飲食しないという本末転倒な現象まで起きています。

本章で取り扱うのは、SNSに夢中になり過ぎて、自分が本来やるべきことに時間を割けないでいる方の例です。

資格試験の勉強中にSNSをやってしまうヒナさん

資格試験の勉強中に、ついついSNSをしてしまうヒナさん（仮名、20代女性、

会社員、独身、実家暮らし）。

ヒナさんは実家で暮らしている3年目の会社員です。大学も就職先も親が心配するからと実家から通える所を選んできたので、生まれてからずっと実家暮らしです。

実家は祖父母も同居する昔ながらの日本家屋ですが、ヒナさんには密かにあこがれの生活があります。

もっとオシャレで、自由なひとり暮らしを本当はしてみたいのです。そんなうっぷんを晴らすように、SNSの世界にのめり込んでいます。

ヒナさんは、会社で経理として勤務しています。会社からは簿記の資格取得をすすめられています。

資格を取得すれば給料も少し上がりますし、さらに上位の資格をとるなどステップアップしていけるからです。

しかし、頭ではわかっていても、1日の仕事が終わるとぐったりしてしまって、夕食が終わると眠くなり、ソファーに寝転んでついついSNSばかりしてしまいます。

「だいたい給料が安過ぎる。こんな給料じゃひとり暮らしなんてできない。だから、

早く資格をとらなくちゃいけないのに……。働きながら勉強するって大変だよ」

そう思いながらも、視線の先にはＳＮＳがあります。

かわいい洋服、雑貨、オシャレなスイーツ、行ってみたい場所など物欲は止まりません。どれもが夢の世界です。早くお風呂に入るように急《せ》かす母親の声が聞こえました。一気に現実に戻されたヒナさんは、しぶしぶお風呂に向かいました。狭く生活感あふれる脱衣所、古くなった床、タイルの黒ずみ、すべてが嫌でした。

「ああ、早く脱出したい。このまま結婚でもしなければ、私は一生この家で暮らすんだろうか。せめてまともな給料が欲しい」

簿記の勉強が嫌いなわけではないけど、なぜかやる気がわかないのです。気づけばスマホを手にして、特に用事もないのにＳＮＳを眺めています。そして、気づいたら寝ているパターンです。そんな自分が嫌になります。

そんなある日、ヒナさんはある噂を耳にしました。

高校の同級生が税理士試験に合格したという話です。簿記の勉強のうんと先に存在するレベルの高い試験です。

ヒノさんには、なんとも言えない感情がわきました。焦りでしょうか。嫉妬《しっと》でしょうか。いや、単にショックを受けたのです。

「うそ、あの子って高校のときはそんなに成績が良くなかったのに」

ヒノさんは高校時代、学年でも10位以内の成績を保っていました。その同級生は、上位に食い込むこともなく、一流大学に進学した人でもありませんでした。

ヒノさんにとって、これは大変プライドの傷つく出来事でした。20代にもなって高校時代の成績のことを引きずっている自分を卑下《ひげ》し、恥ずかしく思いながらも、自分の努力不足を痛感しました。

「私、何やってんだろ。私はまだ簿記の勉強さえままならないのに」

ヒナさんは**みじめな気持ちになりましたが、競争心のようなものに火がついた瞬間でもありました。**ヒナさんは、3分間のやめるノートをつけながら試験勉強をがんばることにしました。

しっかり勉強しながらSNSも楽しむためにノートを始める

ヒナさんは、大好きなSNSを完全に0にするのではなく、勉強を邪魔しない程度に楽しめればと考えてノートをスタートしました。

【ステップ1　今日の出来事を記入する】

7月22日	映える朝ごはんをつくった
7月23日	○資格試験をがんばるように上司に言われた
7月24日	○ネットで資格試験に関する記事を目にして焦った
7月25日	目がショボショボ 肩こりと頭痛
7月26日	肩こりがひどい
7月27日	勉強しなくちゃと思っているので前みたいに友達と遊べない
7月28日	なんにも楽しいことないなと思う

ヒナさんは、「今日の出来事」を書くのはちょっと苦労しました。というのも、毎日、家と職場の往復だからです。

特に変わった趣味もなく、基本的に寄り道せず帰宅するだけです。ただ、毎日SNSに投稿はするので、「ネタ」を探してはいます。

7月22日の「**映える朝ごはんづくり**」は、その典型です。食べるためというよりは、オシャレな写真を撮ることを心がけています。

それを投稿して「いいね！」をもらうのが、オーバーに聞こえるかもしれませんが生き甲斐《いがい》なのです。

「私ってこうしてみると、ほんとSNSに生きてるわ」

自分にあきれながらも、他の趣味もなく、平日は交友関係も最小限である自分に気づきました。

通える距離といっても実家から職場が遠いヒナさんは、帰りにスポーツクラブに立ち寄るとか、誰かと夕ご飯を共にするのはなかなか難しいのです。何しろ、あまりお金もありません。

毎日記録をつけていると、SNSを長時間続けてしまう原因がわかってきました。**資格試験をがんばるように上司に言われたり、ネットで資格試験に関する記事を目にしたりすると、焦ってつらくなって、SNSの世界に逃げ込むというパターンです。**

やがて、日頃、デスクワークが多過ぎて、**「目がショボショボ」「肩こりと頭痛」**でつらいこともわかってきました。

長時間座ったままパソコン作業が続きますから、そんな仕事の後に、また座って簿記の勉強をするのは体の面から考えてもきついですね。

こうした体の疲れについても何か対処すべきでしょう。決してSNSを見て解決する問題ではありませんし、むしろスマホの使い過ぎで肩こり、首こり、頭痛が悪化していそうです。

【ステップ2　やめたい習慣の量を記入する】

7月22日	スクリーンタイム SNS:4時間半
7月23日	SNS:5時間半
7月24日	SNS:4時間
7月25日	SNS:3時間
7月26日	SNS:2時間
7月27日	SNS:2時間半
7月28日	SNS:2時間

ヒノさんは、iPhoneのスクリーンタイムの通知を今まで無視していましたが、恐る恐る直視してみました。なんと、**1日4時間**もSNSをしていたのです。その時間があればもっと勉強ができたはずです。正直に言えば、この記録をつけるために、これでも以前よりはSNSを我慢するようになったのです。それでもこの結果ということは、以前は一体何時間費やしていたのだろうと愕然《がくぜん》としました。

「私はSNSの世界に生きてるわけじゃない！」

ヒナさんは、さらに決意を固くしました。

【ステップ3　やめたい習慣の増減に関係しそうな出来事を特定し、隠されたニーズを探る】

22日	誰かに認めてほしい
23日	プレッシャーから逃げたい。誰かとつながりたい
24日	勉強時間を確保できない自分への苛立ち
25日	どうせなら体にいいことしたい。つながりたい
26日	帰宅後緩みたいから先に外で勉強を終わらせたい
27日	資格試験に誰かと一緒に向き合いたい
28日	仲間に勉強をがんばっていることを認めてほしい

ヒナさんにとって、このステップは比較的簡単でした。

SNSは無趣味で時間もお金もないヒナさんにとって、**「誰かに認めてもらいたい」**という気持ちを満たすための最高のツールでした。

この「誰かに認めてほしい」気持ちは、資格試験の勉強にうまく活用できそうです。

「勉強の成果を誰かに認められたい」という置き換えが可能でしょう。

また、**「試験勉強のストレスから逃げたい」**という現実逃避パターンもありそうでした。また、**仕事の長時間デスクワークの疲れを癒《い》やしたい**という欲求もあります。

これらの「本当に欲しかったもの」を、次のステップの代替行動で満たしていきます。

【ステップ4　代替行動を見つけ、検証する】

7月22日	
7月23日	
7月24日	残業で帰宅が遅くなったから結果的にSNSできなかった
7月25日	○半身浴でSNS。長風呂は苦手なので早めに切り上げられた
7月26日	○仕事後、カフェに立ち寄り勉強。カフェの写真を投稿
7月27日	○同じ資格試験を受ける人が参加するSNSに参加して励まし合う
7月28日	○カフェ勉強 ○資格試験SNS

ヒナさんは、まず、SNSの時間を減らすために**半身浴をしながらSNSをする**

ことにしました。長風呂は苦手なので、早めに切り上げられると思ったからです。

この作戦は成功でした。「お風呂のときだけSNSをする」と決意して、寝るまでの時間帯はスマホを脱衣所に置いて、自分の部屋で勉強したのも有効でした。

ただ、この方法は、ちょっとつらいとも思っていました。勉強しながらも「スマホに通知がきてないかな」とソワソワするので長続きしなさそうでした。

次にヒナさんは、「誰かに認めてほしい」気持ちを利用することにしました。SNSはまさにそのためにしていたわけですから、置き換えが有効そうです。**「勉強の成果を誰かに認められる」仕組みを利用**することにしました。

同じ資格試験を目指す仲間で、勉強の成果を報告し合うアプリを使います。勉強した箇所の写真を投稿し、励まし合う仕組みですから、ヒナさんにはぴったりでした。みんなに褒めてもらいたくて勉強がはかどりましたし、少しでもオシャレな写真にして投稿することは楽しくもありました。

仕事から帰宅してご飯を食べた後に勉強するスタイルだと、眠くなってしまうことや実家で撮影しても映えない写真になることから、**職場近くのカフェで勉強をすませ、**

そこで撮影してから帰宅することにしました。

これは良い作戦で、実際勉強時間を増やせました。ただ、デスクワークによる肩こりや頭痛で疲れて勉強どころではない日もありました。**半身浴やストレッチ、さっさと寝て翌日早起きして勉強する**など工夫しました。

これまでのヒナさんは、「どんなにきつくても勉強しなくては」と自分を追い込む考えを持っていました。

しかし今は、「きついなら、まずそれを手当してあげよう」と考えます。体が楽になって、集中できる状態になってから、勉強に取り組めるようになっています。

そのせいでしょう。勉強に対するイメージが、以前より多少マシになってきました。

こうした取り組みの中、ヒナさんは「SNSばかりして勉強しないダメな自分」を責めて追い込んで、自己嫌悪という悪循環から抜け出しました。

「SNSが好きで、人に認めてほしい自分」も受け入れて、逆にそれを利用して勉強してしまうという技を身につけたからです。

このポジティブな変換こそ、本書の目指すところです。

ヒナさんのノートの例

日付	①今日の出来事	②やめたい習慣の量	③本当に欲しかったもの	④代替行動
7月22日	映える朝ごはんをつくった	スクリーンタイム SNS:4時間半	誰かに認めてほしい	
7月23日	○資格試験をがんばるように上司に言われた	SNS:5時間半	プレッシャーから逃げたい。誰かとつながりたい	
7月24日	○ネットで資格試験に関する記事を目にして焦った	SNS:4時間	勉強時間を確保できない自分への苛立ち	残業で帰宅が遅くなったから結果的にSNSできなかった
7月25日	目がショボショボ 肩こりと頭痛	SNS:3時間	どうせなら体にいいことしたい。つながりたい	○半身浴でSNS。長風呂は苦手なので早めに切り上げられた
7月26日	肩こりがひどい	SNS:2時間	帰宅後緩みたいから先に外で勉強を終わらせたい	○仕事後、カフェに立ち寄り勉強。カフェの写真を投稿
7月27日	勉強しなくちゃと思っているので前みたいに友達と遊べない	SNS:2時間半	資格試験に誰かと一緒に向き合いたい	○同じ資格試験を受ける人が参加するSNSに参加して励まし合う
7月28日	なんにも楽しいことないなと思う	SNS:2時間	仲間に勉強をがんばっていることを認めてほしい	○カフェ勉強 ○資格試験SNS

スマホとSNSが〝セット〟だからやっかいな時代

SNS全盛期の今、誰もが情報の発信者になっています。

SNSとの距離感は、10年前とは比べものにならないほど近くなりました。

そのきっかけはなんといってもスマホの普及でしょう。2012年前後から、スマホは瞬く間にひとりに1台の時代になりました。今や小学生が持っています。

スマホの普及で私たちは、これまでなら帰宅してパソコンをわざわざ開いてから投稿したり閲覧していたのを、電車の中で、海外で、飛行機の中で、デート中にもリアルタイムで情報発信したり、アクセスしたりできるようになりました。

誰しも、布団の中から真夜中にスマホでSNSを見た経験があるのではないでしょうか?

このくらい、いつでもどこでも接触してしまうと、誰しもSNSにハマる可能性は高くなります。

スマホ元年とも言える２０１２年以降に不登校の児童生徒の数が増えていることは何かを示唆《しさ》しているようです。

たとえば、「目の前の友達を差し置いてもスマホでＳＮＳを優先している光景」はカフェではよく見かけます。

「リアルでうまくいかないけど、ＳＮＳでは人気者」という例も見かけます。学生の間では、クラス単位、サークル単位、仲良し単位でＳＮＳのグループが形成され、投稿して交流しなければ仲間はずれにされるという風潮も強いようです。

こうして次第に、ＳＮＳの世界と現実世界の境界線はあいまいになってきました。

ＳＮＳにおける誹謗中傷《ひぼうちゅうしょう》で心に傷を負った人もたくさんいますし、ＳＮＳで注目されたことでテレビや雑誌に取材を受けたりして人生が大きく変わった人もいます。

そうした状況のため、どこまでがＳＮＳとの適切な距離感なのかを定義することはとても難しくなっています。

ただ、目安としていただきたいのは、**「リアルの生活に支障をきたしていないかど**

うか」です。

SNSのせいで睡眠不足になり、仕事や学校に遅刻したり、仕事や家事、学業に集中できなかったり、友人関係など社会的な交流に問題が生じたり、視力低下や腰痛などの健康へ悪影響が見られたり……。

余暇がすべてSNSに乗っ取られてしまったり、SNS投稿で注目を集めるために経済的負担が増えたりしていれば、距離感が間違っているかもしれません。

SNS依存度をチェックしてみよう

とはいえ、自分のSNS利用状況は依存なのかどうかの一定の基準がほしいですね。ここで、SNS依存度尺度をご紹介します。

【ＳＮＳ依存度尺度】

1　もともと予定していたより長時間ＳＮＳを利用してしまう
2　ＳＮＳを利用していない時も、ＳＮＳのことを考えてしまう
3　ＳＮＳを利用していないと、落ち着かなくなったり、憂うつになったり、落ち込んだり、いらいらしたりする
4　ＳＮＳの利用時間を減らそうとしても、失敗してしまう
5　ますます長時間ＳＮＳを利用しないと満足できなくなっている
6　落ち込んだり不安やストレスを感じたとき、逃避や気晴らしにＳＮＳを利用している
7　ＳＮＳの利用が原因で家族や友人との関係が悪化している
8　ＳＮＳを利用している時間や熱中している度合いについて、ごまかしたりウソをついたことがある

この8項目のうち、5項目以上に当てはまる人は河井氏らの研究では「依存症者」

と定義されています。あくまで医療機関での診断レベルとは別ですが、ひとつの目安としてご覧ください。

そして、この研究では、依存症者は、そうでないＳＮＳ利用者と比較して、ＳＮＳ上の人間関係を負担に感じていることがわかりました。

人とつながることを目指したＳＮＳが、ヘビーユーザーにはつながる負担になっているという皮肉な結果です。

では一体、そんな負担を感じながらもＳＮＳを使い続ける理由とはなんなのでしょう。

ＳＮＳにハマる４つの理由とは？

ここによくあるＳＮＳにハマる４つの理由をご紹介したいと思います。先に紹介した人間の行動の理由をＳＮＳに特化した形につくり替えています。

【よくあるＳＮＳがやめられない４つの理由】

1. 有名人のＬｉｖｅ配信を観ることができる（活動が得られる）
2. 仲間と交流できる（活動が得られる）
3. 注目される（社会的注目）
4. 仲間はずれを避けることができる（逃避）

ひとつずつ解説してきます。

●1　有名人のＬｉｖｅ配信を観ることができる（活動が得られる）

今や芸能人だけでなく、人気のカフェの店員さんでも、美容師さんでも誰もが配信者になって、歌、おしゃべり、ダンスや漫才、How toノウハウなど、実にいろんなコンテンツを配信しています。

これらが楽しくてＳＮＳにハマっている人が多いのです。

一緒に今という時間を共有しているという感覚も満足感を高めているようですし、コメントなどで有名人と気軽に相互交流できるのも魅力でしょう。

●2　仲間と交流できる（活動が得られる）

ここでは、有名人対大勢のリスナーという形ではなく、ごく仲間内で投稿に対してコメントし合う場面を想定しています。

遠方に住んでいたり、多忙だったりしてなかなかリアルで交流できない仲間同士が、SNSで交流します。SNSが生まれた当時は、この機能は画期的でしたね。ハマりの理由のひとつです。

●3　注目される（社会的注目）

SNSでは、日常風景を効果的に切り取り、加工して、いわゆる「盛る」ことで自分の見せたいイメージに近づけることができます。

リアルよりも印象が操作しやすいため、SNSでは注目を集めることが比較的簡単です。この**リアルよりも「簡単」であることが、ハマりを加速**させているようです。

●4 仲間はずれを避けることができる（逃避）

仲間内で投稿し合うＳＮＳで、交流が活性化して仲良くなれるかというと、そうでもないようです。

「あの子って、投稿しないし、コメントも返さないから感じ悪い」と返事が遅れることや、同じような集団規範に沿った投稿をしないことで、批判されるリスクがあるのです。

そのため、気乗りしなくても「仲間はずれにされたくない」「置いていかれたくない」など、**「コミュニティからの排除」を避けるためにしかたなくＳＮＳ漬けになっている人もいる**ようです。

一言に〝ＳＮＳハマり〟といってもいろいろ理由がありますね。

SNSハマりから抜け出すための代替行動

それでは、一体SNS依存から脱出するにはどうしたらいいのでしょう。代わりに何をしたらいいというのでしょう。

先ほど挙げたSNSにハマる理由別に対処することをおすすめします。4つの理由のうち、最初の2つ、つまり「1　有名人のLive配信を観ることができる（活動が得られる）」、「2　仲間と交流できる（活動が得られる）」に関しては、日常生活に大きな支障が出ない限りは健全な理由であると言えますので、深刻に対処策を考えなくてもいいのかもしれません。

しかし、残りの2つのハマりの理由、

3　注目される（社会的注目）

4　仲間はずれを避けることができる（逃避）

は、対策を考えなければちょっと問題が起こりそうです。

●「3　注目される」への対処法

まず、「3　注目される（社会的注目）」が理由である場合には、盛らない等身大の自分を受け入れてもらえる場を見つける、つくることをおすすめします。

SNSという虚構の世界では「いいね！」が集まるという、わかりやすい承認が目で見て得られます。

これにハマらないわけがありませんし、それをやめられないのもうなずけます。そこを完全にやめる必要はありませんから、少なくとも誰かひとりでもリアルの世界で、あなたのかっこ悪くてダサい一面を受け入れてくれて、それでも「いいね！」と言ってくれる友人、家族、恋人などをつくりましょう。

そんな素晴らしい関係を築くことができれば、SNSの時間よりもその人に会う時間を優先するはずです。やはりリアルは素晴らしいのです。

●「4　仲間はずれを避けることができる」への対処法

「4　仲間はずれを避けることができる（逃避）」がSNSにハマる理由である場合、私は2つの作戦をおすすめしています。

「そんな同調行動を強いてくる集団にはもういなくていい」がシンプルな答えでしょう。自由につき合う人を選べていくつか世界を持っている大人にはそうすすめます。

しかし、「このクラス以外に居場所がない」「このグループ以外に居場所がない」というような学生さんや、閉鎖的で小さな規模の職場でこうしたことが起こっている場合、その人間関係から脱出するのは容易ではありません。

こうした場合「SNSをするかしないか」という白か黒の2択ではなく、**その間のグレーをとるような対応をすすめます。**

たとえば、これまで仲間の投稿がアップされれば即座に「いいね！」をつけて、必ずコメントしていた人がいたとします。仲間も競うようにそうしているでしょう。この空気の中で、「いいね！」もコメントも全くしないというのは非現実的です。

そこで、「いいね！」だけにする、コメントはあとで時間のあるときにする、すべての投稿に対してではなく時々コメントをする、こういったグレーな対応はいくらでもできますし、おすすめです。

きっと「そんなことしたら、嫌われてしまう」という懸念もあるでしょう。でも、周りから「あの人には即レスは期待できない」とあきらめてもらって、そうしたキャラづくりをすることも有効です。

人の期待に応《こた》えたい、嫌われたくない、いつもいい子でいたいといった思い込みは、思春期までに捨てましょう。白か黒かの思考に陥らないでください。ＳＮＳ上では、人との関係を「ブロック」する機能があります。こうした、「すごく仲良くするか」「ブロックして断絶するか」という白か黒かの態度は、リアルの世界に影響が出て非常に危険です。

そんなことをしていたら、ひとりぼっちになってしまいます。自分の気持ちも落ち着きません。そうではなく、ほどよい距離感でつき合えるグレーの選択肢をたくさん自分の持ち札としてつくっていきましょう。

さて、ノートの事例はまだまだ続きます。

第6章

動画へのハマりから抜け出そう！

～海外連続ドラマの観過ぎで寝不足のナオミさんのノート～

何気なく観てしまう動画ですが、
そこにはハマりの仕組みが存在します
睡眠そっちのけで動画を視聴して
次の日後悔……
動画にハマる理由は3つ！
この章ではナオミさんのノートをお手本に
動画依存から抜け出す方法を学んでいきましょう！
フムフム
ナオミさんのノート

おもしろくない動画ですら観ずにはいられなくなる

サブスクリプション（サブスク）のサービスが増えてきました。
いち早くサブスクを取り入れたのが、動画配信サービスでした。今やスマホひとつで、映画でも見逃したドラマでも定額で観放題の時代です。

ひと昔前は、レンタルビデオ店に行って、借りたかったビデオが「レンタル中」になっていて悔しい思いをしたり、返却期限を過ぎてしまって延滞料金を支払う羽目になったりしていましたから、今はとても便利です。

一方で、このサブスクで連続ドラマの一気観にハマってしまう人がいます。昔少しだけ観ていた連続ドラマを「一気に観られる！」という興奮があるのでしょうか。「いやいや、ただのひまつぶしだよ」という声も聞きます。

「一度観始めたら、たとえ途中からおもしろくなくなったとしても、全部観終えたぞ！ってコンプリートしたい！」

という「収集癖」と「完璧主義《かんぺき》」が混ざったような動機の人もいます。

本章では、そんな海外連続ドラマの観過ぎで、寝不足が続いている主婦のナオミさんのお話をご紹介します。

海外連続ドラマの観過ぎで寝不足のナオミさんのノート

海外連続ドラマの見過ぎで寝不足のナオミさん（仮名、40代女性、パート、既婚、夫と2人暮らし）。

ナオミさんは、20代前半に結婚し、それを機に仕事を辞めてからごく最近まで専業主婦として、夫の転勤につき合いながら、2人の子供の子育てをしてきました。

子供たちはすくすく育ち、この春に下の娘が大学進学のため上京し、ついに夫婦2人暮らしになりました。この春から、近くのスーパーにパートに出ています。

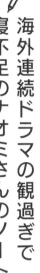

これまでは、お弁当づくり、塾への送り迎え、習い事、入学手続きに引っ越しなど慌ただしく過ごしてきましたが、急に娘がいなくなって家庭の中は静かになってしまいました。夕食をつくっても、以前のように喜んでくれる娘たちはいません。

夫は昔から不在がちで、休日でも仕事だ、ゴルフだと出て行く人でした。なんだか家事全般に張り合いもなくなりました。

同じ世代のママ友からは、

「いいじゃない。手のかからないご主人で。やっと自由な時間ができたんだから、好きなことやれるじゃない。あなたがうらやましい」

と言われますが、**ナオミさんはソワソワ落ち着きません。**

ぽっかり空いた穴を埋めるように、ナオミさんは海外連続ドラマにハマっていきました。

1本が30分間で終わるドラマですが、シリーズをすべて観るには60本以上観る必要があります。

ナオミさんは夕食の準備中でも、ご飯を食べながらでも、お風呂でも、布団の中でも、常にiPadで動画を観続けました。気づけば朝になっていることもしばしばです。

最近は睡眠不足で体がきつくてたまりません。そんな状態で仕事に行くのはしんどくてたまりません。

そんなある日、いつものようにナオミさんはiPadをキッチンの定位置に立てかけました。

すると手元が狂って、iPadが床に落ちて画面が割れてしまったのです。ひび割れてしまった画面は、指のタッチがうまくできず操作自体がほとんどできない状態です。

ナオミさんは急いで拾い上げようとしゃがんだものの、そのままぎっくり腰になってしまいました。台所で動けなくなって苦しみながらも、こんな考えが浮かびました。

「やばい！　ドラマが観られなくなる！」

さすがに自分でもおかしいと感じました。こんなときでも、ドラマの続きを観ようとするなんて滑稽《こっけい》です。

その後、ぎっくり腰は治りましたが、**謎の焦燥感《しょうそうかん》に襲われる自分には、何か異変が起きている**と思いました。

ナオミさんは連続ドラマ視聴の習慣をどうにかしようと、「3分間のやめるノート」をつけることにしました。

視聴時間を減らし睡眠を確保するためにノートを始める

ナオミさんは、連続ドラマを視聴する時間を減らすためにノートに記録を始めました。

【ステップ1　今日の出来事を記入する】

8月10日	特になし
8月11日	○職場で新人がミスをした。そのフォローに追われ残業。なのに新人は先に帰宅
8月12日	○娘に電話したが、出なかった。メールも返ってこない
8月13日	○夫はゴルフ。二度寝して布団の中に昼過ぎまでいた
8月14日	特に用事もなく、二度寝して布団の中に昼過ぎまでいた

ナオミさんは、日々の出来事を書いていきました。

初日に**「特になし」**としか書けなかったナオミさん。

「そうだなあ。娘がひとり暮らしするようになって、本当に生活がガラリと変化したなあ。なんにもなくなったなあ」としみじみ思いました。さみしさを実感しました。

次の日には、**仕事のことを書いてみました。**ナオミさんは、この春から近所のスーパーでレジや品出しのパートに出るようになりました。

働くことが久しぶり過ぎて、最初は覚えることが多くて大変でしたが、新鮮でもありました。

しかし、最近はマンネリ化。自分の娘ほどの年齢の新人のフォローに追われて残業になることもありますが、その新人はナオミさんより先に帰宅してしまうなど腹の立つこともあります。

「今の若い子ってこっちの想定を超えてくるな」

怒りを通り越して、あきれ果てています。

8月12日には、最近ひとり暮らしを始めた**大学生の娘に電話しました。**きっと、ひとりでさみしがっているだろうと思ったのです。しかし、娘は電話に出ず、メールに返事もありませんでした。

次の日は、**夫は早朝からゴルフの予定**でした。ナオミさんは朝食をつくってあげましたが、夫は寝坊して急いでいるからと食べずに出かけて行きました。ナオミさんは報われない感じがして腹が立ちました。

8月14日は、**なんにもない日で終日ゴロゴロしていました。**夫は泊まりでゴルフに行って不在でした。ひとりだとご飯をわざわざつくる気にもならず寝たいだけ寝ていました。

ナオミさんは記録しながら、改めて、

「なんだか冴《さ》えない毎日だなあ」

と感じました。張り合いがなく、報われることがなく、ちっともいいことがないのです。

【ステップ2　やめたい習慣の量を記入する】

8月10日	台所で30分間、 布団で5時間
8月11日	台所で30分間、 布団で5時間
8月12日	台所で30分間、 お風呂で2時間、 布団で5時間
8月13日	台所で30分間、 布団で10時間
8月14日	布団で8時間

ナオミさんは、連続ドラマをどのぐらい視聴しているのでしょうか。

家事をしながら台所で、布団の中でも、お風呂でも、トータルすると**1日8時間**も動画を観ていました。

「その時間でちゃんと寝たい。翌日に差し障る……」

と感じました。

かといって、年齢のせいか、睡眠の質は年々悪くなっていて、寝つきも悪いし、夜中も目が覚めるのです。

でも、布団の中で連続ドラマを観るようになってからは、さらに寝つきが悪くなったのは確かです。

【ステップ３　やめたい習慣の増減に関係しそうな出来事を特定し、隠されたニーズを探る】

10日	わからない
11日	むかつく。報われない。誰か褒めてよ
12日	さみしかった。報われないな。あんだけ子育てしたけど、あっさり離れていくなあ
13日	夫の生活は以前と変わらない。あの人は子育てしなかったもんな。私は子育て終わるとなんにも残っていない。何か自分にあればいいのに
14日	何か自分にあればいいのに

次に、ナオミさんは連続ドラマの視聴時間の増減に関係しそうな出来事を探りまし

た。スーパーの仕事で新人のミスをフォローしたときには、「**誰か褒めてよ**」と思いました。

なんとなくですが、そのストレスから逃げるように動画を観ていた気がします。

大学生の娘に電話もメールもつながらなかったときには、さらに視聴時間が増えていました。

「**さみしかった**」と書いて、ハッとしました。そんな気持ちを誰にも話してこなかったし、自分でも認めてこなかったからです。

「まさか自分が〝空《から》の巣《す》症候群〟?」

子供が家を出て、憂うつ、不安になる人の話を聞いたことがあったからです。

しかし、一瞬そう思いましたが、打ち消すようにこう考えました。

「初めてのひとり暮らしの娘を心配しない親なんていない。ちょっとぐらい誰だってさみしいもんよ」

翌日に、自分が用意した朝食を食べずに、夫が家を出ていったことに関しては、視聴時間との関係がわかりませんでした。

でも、その日はやることがなかったこともあり、視聴時間は10時間にも及びました。

最初は、

「夫にイライラして、ストレス解消にドラマを観たからかな?」

と思っていたナオミさんでしたが、やがて、ちょうど視聴していたドラマの主人公と自分を重ねてこう考え出しました。

「夫の生活は以前と変わらない。あの人は子育てしなかったもんな。私は子育てが終わるとなんにも残っていない。何か自分にあればいいのに」

翌日、特に用事もなく、二度寝して布団の中に昼過ぎまでいた際には、

「海外ドラマって、観てるうちにあきることもあるんだけど、どうせなら最後まで全部観たくなるんだよね。何かを成し遂げて、達成感を得たいのかな。娘がいないさみしさが埋まるから?　私って何者?　なんにもない」

と確信しました。

ナオミさんは、自分に特にやりたいこともなく、やったことが誰かに褒められるわけでもなく、むなしくてさみしいのです。

それを、感じないようにするために連続ドラマを全部観て完全制覇する達成感や現実逃避にハマっていたのです。

【ステップ4　代替行動を見つけ、検証する】

8月10日	
8月11日	
8月12日	○長風呂したら多少気が晴れた
8月13日	
8月14日	○夕方から近所の本屋さんをブラブラした。そういえば私カメラ好きだった

ナオミさんは、ステップ3で自分がずっと逃げ続けて見ないようにしていた「むなしさや、さみしさ」を直視してしまいました。

友達に相談すると、こんな助言をもらいました。

「ねえ、まだ私たち40代じゃない。人生はあと半分ぐらいあるでしょう?

第一幕は家族のためにがんばってきた。次の第二幕で、夢中になれるものを今から見つけたらいいいんじゃない?」

ナオミさんはさみしさを抱えたまま、あと半世紀過ごすのはごめんだと思いました。半世紀をすべて連続ドラマ視聴で埋めるには、ドラマの数は足りな過ぎます。

「今からしたいことを問い直す。達成感の得られるものを探せばいいんだ。**とりあえずは本屋さんに行ってみるかな。**似た立場の友達に毎日どんなふうに過ごしているか聞いてみてもいいな」

ナオミさんは本屋さんに足を運びました。「旅行」「暮らし」「趣味」「美容」「ビジネス」「コンピューター」などなど、いろんなコーナーがあります。

店内をざーっと見て歩くだけで、オンライン書店と違って自分が日頃見かけることのないさまざまな分野の本の表紙が目に飛び込んできます。本屋さんはそれがいいのです。自分の気の向くままに歩いては、表紙にひかれた本を手に取りました。

「へえ、世の中にはこんな世界もあるんだなあ。忘れてたけど、私って星を見るのが好きだった」

　中学生時代に天文部だったこと、ギリシャ神話に夢中だったこと、故郷は星のよく見える所として有名で、よく姉妹で星空観測をしたとなつかしく思い出しました。

「そういえば、夜空を見上げて星を探すなんてこと、もうずっとしてないなあ」

　こんなにワクワクする感覚は何年振りでしょうか。今度の休みには、ひとりでプラネタリウムに行ってみようか、少し遠出して星空観測をしてみようか、押し入れから天体望遠鏡を探し出してみようか、といろんなアイデアがわいてきました。

　ナオミさんは友達とお茶しながら一連の出来事を話しました。

「それなら写真コンテストに応募してみては？」

　友達がそう言ってくれました。地元のプラネタリウムでは、毎年星空の写真のコンテストがあるそうなのです。

　また、子供向けの星空教室の解説ボランティアを募集していることも知りました。

　ナオミさんは、連続ドラマよりもおもしろいものを見つけられたようです。もはや、ナオミさんが自分の人生ドラマの主役になれていますね。

ナオミさんのノートの例

日付	①今日の出来事	②やめたい習慣の量	③本当に欲しかったもの	④代替行動
8月10日	特になし	台所で30分間、布団で5時間	わからない	
8月11日	○職場で新人がミスをした。そのフォローに追われ残業。なのに新人は先に帰宅	台所で30分間、布団で5時間	むかつく。報われない。誰か褒めてよ	
8月12日	○娘に電話したが、出なかった。メールも返ってこない	台所で30分間、お風呂で2時間、布団で5時間	さみしかった。報われないな。あんだけ子育てしたけど、あっさり離れていくなあ	○長風呂したら多少気が晴れた
8月13日	○夫はゴルフ。二度寝して布団の中に昼過ぎまでいた	台所で30分間、布団で10時間	夫の生活は以前と変わらない。あの人は子育てしなかったもんな。私は子育て終わるとなんにも残っていない。何か自分にあればいいのに	
8月14日	特に用事もなく、二度寝して布団の中に昼過ぎまでいた	布団で8時間	何か自分にあればいいのに	○夕方から近所の本屋さんをブラブラした。そういえば私カメラ好きだった

動画にハマってしまう3つの理由とは？

動画サイトが次々にサブスクリプション（サブスク）の形式で、月に一定の金額を支払えば、観放題になりました。

サブスクになった頃からでしょうか、職場に「昨夜も動画観ちゃって、気づいたら朝だった」と睡眠不足でむくんだ顔で言う人が増えました。

「〇〇放題」になってしまうと、少しでも多く観ないと損した気分になるからでしょうか。私たちの欲望は歯止めが利かなくなりますね。

それでは、どのような人が動画にハマりやすいのでしょうか？

ここで、よくある動画にハマる3つの理由をご紹介したいと思います。先に紹介した人間の行動の理由を動画に特化した形につくり替えています。

【よくある動画がやめられない3つの理由】

1　収集癖を満たせる（物が得られる）
2　受動的な気晴らしができる（活動が得られる）
3　別世界のストーリーにハマれる（逃避）

ひとつずつ解説してきます。

●1　収集癖を満たせる（物が得られる。どうせなら全部観終わりたい）

連続ドラマのシリーズものを全部観て制覇したいとか、宮崎駿《はやお》作品はすべて観たと言いたいなど、コンプリートしたい願望がある人です。

本来動画そのものを味わい楽しめばいいのですが、**中身よりも形式が気になる**のでしょう。

私はよくお料理教室やお花の教室に行くのですが、その場その場を楽しんでいる受講生もいれば、「せっかく学んだのだから資格までとりたい」と形にしたがる受講生もいます。

どちらかと言えば、後者の方が動画にハマりやすい人たちかもしれません。ちょっと言い過ぎかもしれませんが、自分自身にあまり自信がなくて、**何か形に残るもので自分に付加価値をつけたい**という思いがあるのかもしれません。

または、せっかく時間やお金をかけるのだから、何か形にしないともったいないという姿勢かもしれません。

●2　受動的な気晴らしができる（活動が得られる）

疲れていて能動的に何かするエネルギーが残っていないという、この理由が動画にハマる人に一番多い気がしています。

日中ハードに働いて、顧客に同僚に上司にと気を使い、ヘトヘトで帰宅すると、「もうなんにも考えたくない。人に会いたくない」という脱力状態に陥りませんか？

比較的「対人」の仕事をしている人に生じやすい**「脱人格化」**と呼ばれる現象です。

こうした疲労状態では、能動的に誰かと会うとか、何かをするなんてエネルギーは残っていません。

受動的に、ただただ再生されている動画を観ることは楽なのです。こうした状態ですと、動画に終わりはきてほしくないはずです。脱力したままなんにも考えたくないからです。

動画サービスは、次々におすすめや次回動画を再生してくれますから、永遠に受け身のまま気晴らしができます。

●3　別世界のストーリーにハマれる（逃避）

定年退職してこれまでの地位がなくなったとか、子供が巣立ったとか、そうしたきっかけでこれまでの**膨大な仕事や家事や育児から解放されたものの「どうしたらいいんだっけ?」と戸惑っているときに便利なのが動画**です。

誰しも生活時間の大半を占めていた仕事や家事などが急になくなれば、「あれ? 私って何をしたいんだっけ?」「私には何があるんだっけ?」と空虚な気分になりますね。

他人の素晴らしいストーリーに自分を重ねたり、しょうもない人生を送っている人を見て笑ったり、全く別世界に潜《もぐ》り込んでみたり。私たちはこうした理由からストーリーにのめり込みます。束の間ですが、心を満たしてもらえるのです。

動画ハマりから抜け出すための代替行動

それでは、一体動画依存から脱出するにはどうしたらいいのでしょう。代わりに何をしたらいいというのでしょう。

先ほどご紹介した、「よくある動画がやめられない3つの理由」別にご紹介しましょう。

●「1 収集癖を満たせる」への対処法

世の中には、映画に限らず、読んだ本でも、音楽でも、芸術の域に達しそうな解説や感想を添えてホームページにきれいにまとめ上げている人がいます。

どうせ収集するならば、そのぐらい突き抜けてしまうのも手ですね。とはいえ、時間も体力も有限ですから、ふと立ち止まってこう自問自答してみましょう。

「あれ？　私ってこれをコンプリートして、何が欲しいんだっけ？」

「なんのためにコンプリートしたいんだっけ？」

元も子もない問いですね。でも、夢中になるとこの本質を見失います。

●「2　受動的な気晴らしができる」への対処法

この理由には、対処の仕方が2通りあります。

ひとつは、**「そもそもそこまで疲れるような働き方（暮らし方）をしない」**ことです。

これが最も自分に優しい方法ですし、根本原因をやっつけられるので効果的です。

しかし、仕事量や内容、取引先などを変えることはなかなかできないのが現状でしょう。働き方をちょっと工夫する（ストイック過ぎる方は解雇されない程度に手を抜くなど）、思い切って転職する、仕事の中におもしろみを見つけていく、いろいろできることを探してみましょう。

もうひとつは、気晴らし時間にはおそらく終わりがなく、うたた寝して終了すればいいほうで、際限なく動画視聴祭りに発展し、朝方までブルーライトで目が冴《さ》えるという悲劇が起こります。

そうした事態を避けるために、**強制的な力を使う**のです。たとえば動画視聴の際には「このぐらいには寝たい時間」にお風呂のお湯はりタイマーをセットします。お風呂が溜《た》まったら強制的にお風呂にはいる。その後、また動画を視聴するかもしれませんが、入浴そのものもストレスを緩和しますし、その後の体温の低下で眠気を誘えます。

お風呂がおっくう過ぎて、動画視聴に逃げ込んでしまう人もいるかもしれません。そうした方には、帰宅後すぐに入浴するルーティンをおすすめしています。

お風呂さえすませておけば、あとは夕ご飯だけなので、やることを終わらせた上で動画タイムも楽しめます。

●「3　別世界のストーリーにハマれる」への対処法

別世界のストーリーにハマって、空虚な心を満たすタイプの方には、この章でご紹介したナオミさんのように、**「自分の人生のストーリー」にワクワクする体験を見つけてもらいます。**

リアルな人生は小説より奇なり。自分のしたいこと、努力しなくてもなんとなく昔から人よりできたこと、明日人生が終わるなら絶対今日やっておきたいことなどを思い浮かべてみましょう。

一時的にデジタルデトックスして、似たような立場の友達と語り合うと、答えが見つかるのが早まるはずです。

さて、ノートの事例はまだまだ続きます。

第7章

お酒への依存から抜け出そう！

～健康診断で指摘されても
お酒を減らせないケンイチさんのノート～

1日の終わりを
お酒で締めくくる人は
多いものです
時に、お酒は
人生を狂わせます
人間関係
健康
仕事
お酒にハマる
理由は4つ！
この章では
ケンイチさんの
ノートをお手本に
お酒への依存から
抜け出す方法を
学んでいきましょう！
フムフム
ケンイチさんの
ノート

お酒が健康、人間関係、仕事、人生を狂わすこともある

あなたは晩酌しますか？　1日の疲れを晩酌と共に癒《い》やしているという方も多いのではないでしょうか。

または、親しい人と集まったときにお酒が少しでもあれば、打ち解けたり、盛り上がったりします。お酒は人と人の潤滑油のように働く側面もありますね。お酒を食べ物との組み合わせで楽しむ美食家の方もいます。

こんなふうに、お酒は昔から愛されてきました。

一方で、お酒で健康を害する人、酔っ払ったときに何か問題を起こしてしまう人も見かけます。

お酒との上手なつき合い方ができない人もいるわけです。中には、お酒で人生が狂ってしまったという方もいらっしゃいます。

本章では、お酒がやめられないことで健康を失いつつある男性の例を紹介して、お酒との上手なつき合い方についてイメージを深めていただきます。

健康診断で指摘されてもお酒を減らせないケンイチさんのノート

健康診断で指摘されてもお酒を減らせないケンイチさん（仮名、50代男性、公務員、既婚、妻と子供の3人暮らし）。

ケンイチさんは、ストレスを抱えながら働く公務員です。

ケンイチさんは、我ながらこれまで真面目に生きてきました。

学生時代はよく勉強をしましたし、同級生の誰かが羽目を外していても、自分は無茶せずに常識的に生きてきました。

誰が決めたわけでもないですが、「がんばっていればいいことがある」「努力は報われる」と信じて地道にやってきたのです。

同級生がバブル景気に浮かれていたときにも、公務員として地元に戻って親孝行してきました。

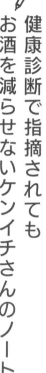

最近、職場で、若い世代が自分の同期について「これだからバブル世代はハズレばっかりだ。あの人新しいシステムに全然ついていけてないから、俺がいつも教えなくちゃいけなくてめんどうだ」と陰口をたたいているのを聞いてしまいました。

ケンイチさんもその同期と同様に、新しいことを覚えるのができなくなってきています。自分のことを言われているような気持ちになって、身がすくむようでした。

毎晩のお酒だけが唯一の楽しみです。お酒を飲む時間だけが、ケンイチさんの〝ゆるり〟とする一瞬なのです。

お酒を飲みながら全身がふんわりと脱力します。テレビはつけていますが、内容はほとんど入ってきません。とにかく魂が抜けたようにぼーっとするのが常です。

でも、そのお酒すら、先日の健康診断で「週に一度は休肝日を」なんて言われてしまいました。

自分なりに晩酌をすることでなんとかバランスをとってきたというのに、どうしたらいいのか頭を抱えています。

そんなとき、保健師さんにすすめられて、ケンイチさんは「３分間のやめるノート」

をしぶしぶつけることにしました。やめたい習慣は、「お酒を飲むこと」としました。

健康とリラックスのバランスをとるためにノートを始める

【ステップ1　今日の出来事を記入する】

7月20日	特に何もなかった
7月21日	普通の日
7月22日	普通の日
7月23日	○会議で上からも下からも勝手ストロング酎ハイな意見を言われてストレス5本
7月24日	○嫌な上司と2人で外勤。とんでもないストレス
7月25日	○仕事のストレスは続く
7月26日	○仕事のストレスは続く

ケンイチさんは、コツコツとがんばるのは得意なタイプですから、ノートを毎日つけること自体に抵抗はありませんでした。

しかし、「今日の出来事」を書くのはちょっと戸惑いました。仕事内容を詳しく書くべきか、仕事以外のことはどう書けばいいかわからないのです。また、短くまとめて書くのは意外に難しい作業でした。

しかたないので、最初の3日間は「**特に何もなかった**」「**普通の日**」などの記述に終わりました。

しかし、保健師さんに「お酒を飲む量に関係しそうな、何かストレスになるようなことなどを書いておくといいのではないでしょうか」とアドバイスされて、4日目以降は思い当たることを書いてみました。

でも、真面目なケンイチさんは最初こう考えました。

「そもそも仕事とは、ストレスも含めて仕事というものなんだ」

だから、「ノートに書くほどのことではない」と結論づけて、なかなか書くことが思いつかなかったのです。

しかし、保健師さんが「私なんてストレスだらけですよ。うまの合わない上司と一緒に働くこともあるし」と例を出した途端、ケンイチさんは衝撃を受けました。

「えっ、そういうのをストレスって言っていいんですか？」

「えっ？　そういうもんじゃないでしょうか？　ストレスって」

「その……、仕事上関係のある誰かをうまが合うとか合わないとか、そんな私情を持ち込むべきではないと思っておりまして……」

「そりゃ仕事のマナー上あからさまに表に出すべきではないのでしょうけど、嫌だなあとか、やりやすいなあとか、どうしても人間だから思うのが自然ですよ」

「そうですか……、ちょっと気楽に書いてみます」

ケンイチさんは、職場では自分の感情に完全にフタをした状態で働いていたのです。

中間管理職で、何事も自分のペースでやれないストレスを抱えながらも、「平気だ」「そんなもんだ、仕事なんだから」と、誰にもグチを言わずにやってきたのです。自分でも、ストレスを受けていることを認めずにやってきたのです。

そんなわけで、7月23日以降は「今日の出来事」を書くのに苦労しませんでした。書くと、まるで「王様の耳はロバの耳」と、秘密のことを叫んでいるようなスッキリ感がありました。

でも、どこかで「文字にしてしまうと、よけいに上司のことが嫌いになるな」「ストレスを自覚してしまうと、よけいに明日が嫌だな」という嫌な感じも残りました。

【ステップ2　やめたい習慣の量を記入する】

7月20日	ストロング酎ハイ5本
7月21日	ストロング酎ハイ4本+ノンアル1本
7月22日	ストロング酎ハイ3本+ノンアル2本
7月23日	ストロング酎ハイ5本
7月24日	ストロング酎ハイ5本
7月25日	ストロング酎ハイ4本+つまみを調理
7月26日	生ビール3杯

ケンイチさんは次に、お酒の量を記入していきました。

最近缶のゴミが溜まるのが早いと思っていましたが、自分がこんなに飲んでいるとは知りませんでした。

試しに飲み終わりの1、2本をノンアルコール酎ハイに変えてみましたが、主観的には何も違いがありませんでした。

飲み終わる頃には、自分の体はしっかり酔っ払っていることが確認できました。

「アルコールってなんなんだろう。私は酔いたかったのか？　なんなのか？」しらふのときに考えてみると、別にすべてアルコールが入っている必要もないような気がしました。

「アルコール」といってしまうと、学生時代に理科の時間に使ったアルコールランプが思い浮かびました。自分はあんなものを飲みたいと思っているわけではない。そう考えると、変だなと思えました。

しかし、日によっては、やっぱりアルコールじゃないとダメな日もありました。ケンイチさんには自分のことながら不思議でした。

【ステップ3　やめたい習慣の増減に関係しそうな出来事を特定し、隠されたニーズを探る】

7月20日	とにかく酔ってふわーっとしたい
7月21日	とにかく酔ってふわーっとしたい
7月22日	とにかく酔ってふわーっとしたい
7月23日	とにかくストレスを忘れたい！
7月24日	とにかくストレスを忘れたい！
7月25日	俺は真の酒好きだ。酒の時間ぐらいもっと楽しみたい
7月26日	2キロ走った後に、生ビールののど越しを味わいたい

ケンイチさんは、「飲むお酒のうち何本かはノンアルコールで過ごせる日」と「すべてお酒を飲みたい日」を比較してみました。

すると、因果関係は一目瞭然《いちもくりょうぜん》でした。上司や部下からのストレスの強い日は、**ストロング酎ハイを5本**も飲んでいたのです。

ケンイチさんはお酒を飲むことで、上司と部下に板挟みにされるストレスや苦手な上司と仕事をしなければならないストレスを忘れようとしていたのです。お酒が現実逃避させてくれていたのです。

ケンイチさんは「今日、本当に欲しかったもの」の欄に**「とにかくストレスを忘れたい！」**と書き込みました。

書き込みながら、ケンイチさんはふと、最近耳にした若手職員からのバブル世代に対する不満を思い出しました。

50代も後半のケンイチさんは、最近新しいことをなかなか覚えられなくなってきていて、そのことで自分のことを〝役立たずでふがいない〟と捉えるようになっていました。

誰もケンイチさんにそんなことは言っていませんが、自分でそう思っているのです。

仮に、誰かが「そんなことはありませんよ。ケンイチさんはがんばっていますね」と優しい声をかけたとしても、きっとケンイチさんの性格ですと、ストイックに自分を責めるのでしょう。叱咤激励《しったげきれい》しながら、ここまで成果を上げてきたからです。

ケンイチさんは、とにかく〝役立たずな自分〟に直面するのを避けるためにお酒を飲みました。

本当は「俺は役に立つ人間だ」と思いたかったことでしょう。そして、もう一度達成感を得たかったのです。

一方で、こうした緊張状態が長く続いていましたから、体がもたないのです。ケンイチさんは〝ゆるみたい〟ようです。

お酒を飲むときぐらい、だらっとして、力を抜きたいのです。仕事のときと違って、人間らしく感情や感覚を味わいたいのです。

「俺は真の酒好きだ。酒の時間ぐらいもっと楽しみたい」や、「生ビールののど越しを味わいたい」と書いたとき、ケンイチさんの表情は明るくなりました。

【ステップ４　代替行動を見つけ、検証する】

7月20日	
7月21日	○5本目をノンアルコールに変える
7月22日	○2本をノンアルコールに変える
7月23日	
7月24日	
7月25日	○せっかくなら美味しい酒を飲もうとつまみをつくる
7月26日	○2キロ走った後に生ビール

ケンイチさんは、「自分は役に立つ人間として、何かをして、もっと達成感を得たい」という希望を持っていました。

また、「せっかくなら酒の時間を楽しみたい。のど越しを味わいたい」とも思っています。これらを満たし、かつ健康にいい方法を探りました。

ケンイチさんは保健師さんにこう聞かれました。

「得意なことはありますか？　たとえば、学生時代は部活などされていましたか？」

「陸上部でした」

「どの種目をしていたのですか？」

「長距離でした。ほら、性格的にも、コツコツ地道にって感じですから」

　こう答えながら、ケンイチさんは懐かしくなりました。

　学生時代に走るのが好きで、走り終わった後の爽快《そうかい》な気分を思い出しました。

　あんな気持ちに最近なったでしょうか。あんな気持ちがまた味わえたら、どんなにいいでしょう。

　マラソンなら自分のペースで走れそうです。まずは、ウォーキングからでしょうか。自分よりうんと高齢のランナーも多く見かけます。想像し始めるとワクワクしてきました。

　実際に走ってみると、以前よりも体は重いものの、汗をかく気持ち良さ、その後に飲む生ビールののど越しに感動しました。

「そうだ！　こういうのがいい飲み方だ。私がしたかったのは、ストレスを酒で流し込むような飲み方じゃない」

また、ケンイチさんは「**どうせ飲むなら、美味しいおつまみもつくろう**」と考えました。

「酒を減らそう」という意識では飲んでいても「減らさねば」とか「本当は飲んじゃいけないのに」という考えがよぎり、ちっとも楽しめなかったのです。

それよりは「どうせ今日は3杯しか飲めないのなら、その量で最高に美味しいつまみと共に楽しんでしまおう」と考え直したのです。

料理はほとんど経験のないケンイチさんでしたが、今日のつまみは缶詰、明日はきゅうりのキムチ和えと、レパートリーを増やしていきました。

自分でつくるおつまみは格別でした。「今日はどうやってお酒を楽しもうか」と考えると、ちょっとした趣味ができたようでした。

こうした流れでケンイチさんは、プライベートをずいぶん能動的に楽しむようになりました。気づけば、自然とお酒の量が減ってきています。

ケンイチさんは今や人にもマラソンをすすめていて、今度は職場のマラソンチームでリレーマラソン大会に出場するそうです。

ケンイチさんのノートの例

日付	①今日の出来事	②やめたい習慣の量	③本当に欲しかったもの	④代替行動
7月20日	特に何もなかった	ストロング酎ハイ5本	とにかく酔ってふわーっとしたい	
7月21日	普通の日	ストロング酎ハイ4本+ノンアル1本	とにかく酔ってふわーっとしたい	○5本目をノンアルコールに変える
7月22日	普通の日	ストロング酎ハイ3本+ノンアル2本	とにかく酔ってふわーっとしたい	○2本をノンアルコールに変える
7月23日	○会議で上からも下からも勝手ストロング酎ハイな意見を言われてストレス5本	ストロング酎ハイ5本	とにかくストレスを忘れたい！	
7月24日	○嫌な上司と2人で外勤。とんでもないストレス	ストロング酎ハイ5本	とにかくストレスを忘れたい！	
7月25日	○仕事のストレスは続く	ストロング酎ハイ4本+つまみを調理	俺は真の酒好きだ。酒の時間ぐらいもっと楽しみたい	○せっかくなら美味しい酒を飲もうとつまみをつくる
7月26日	○仕事のストレスは続く	生ビール3杯	2キロ走った後に、生ビールののど越しを味わいたい	○2キロ走った後に生ビール

自分を救ってくれるものが〝お酒しかない〟はずがない！

「お酒の問題がある方に一定の傾向があるのか」と言われると、ひとまとめにはできないほど、さまざまなキャラクター、さまざまな飲む理由があるので、なかなか一言では言い表せません。

晩酌が常で休肝日が設けられないといった悩みの人もいるし、日頃は全く飲まないのにたまに飲み会で失敗してしまうという人もいます。中には、お酒のせいで家族も仕事も友達もお金も失ってしまった人もいます。

ちなみに、どのぐらいの量が「飲み過ぎ」と言われるのかについては、ご存じでしょうか？

厚生労働省は、健康な方の節度ある適度な飲酒量を1日平均20グラム以下に定めています（女性では代謝の関係でその半分の10グラムです）。唐突に20グラムなんて言われてもピンときませんが、だいたいビール（5％）なら中瓶1本（缶ビールなら1・5本ぐらいですね）、缶酎ハイ（7％）なら1缶です。ワインならグラス2杯。

いかがですか？　お酒が好きな人なら、わりと軽く超えてしまう量だと思いませんか？

私もお酒をこよなく愛する人間ですから、ここで説教くさいことは申し上げることはできません。目安を一応知っておき、「健康を害して1滴も飲めない人生にはしたくないな」「そのために今からうまくつき合う方法を探ろうかな」と思っていただければ幸いです。

話を戻しますと、お酒にハマりやすい人たちは、こうしたアルコールの量以上に飲んでいることになるわけですが、問題はわりと毎日飲んでいて、「好きだから飲む」のは当然ですが「ないとやってられない」ほどに必要性が高いことが特徴です。

たとえば、「ストレスでお酒でも飲まないとやってられない」なんて台詞《せりふ》は何度も耳にしたことがあるでしょう。

このストレスが溜まったときに、本来なら体を動かしたり、誰かにグチったり、ストレスの原因そのものに立ち向かっていったりと、いろんな解決法のバリエーションを持ち合わせていれば、いつもいつもお酒に救ってもらわなくてもいいのでしょう。

しかし、問題になるほどお酒を飲む人は、体を動かすのが好きじゃなかったり、誰かに頼りたくなくてなんとか自分で問題を解決しようとしていたり、気持ちを吐き出したところでストレスの原因はなくならないのだからムダだと考えていたりします。

一方で、ストレスの原因に立ち向かう勇気がなかったり、解決をあきらめていることが多くあります。

こんなふうなので、一見お酒の問題を抱える人は優しい印象です。

だって、ストレスがあっても人にグチったり、ましてや八つ当たりなどしません。むしろ、ひょうひょうとして見えたり、おだやかでユーモラスな一面も見えたりします。

心の奥底にストレスを押し込めて、そのストレスを見ないふりをしているのです。家族など身近な人でない限り、人々は彼らを「いい人」と呼ぶでしょう。

お酒にハマる４つの理由とは？

ここで、よくある「お酒にハマる４つの理由」をご紹介したいと思います。先に紹介した人間の行動の理由をお酒に特化した形につくり替えています。

【よくあるお酒がやめられない４つの理由】

1　脱力できる（身体的感覚）
2　人とうまくしゃべれる（社会的注目）
3　嫌なことを忘れられる（逃避）
4　食事が進む（物や活動が得られる）

ひとつずつ解説していきます。

●1　脱力できる（身体的感覚）

お酒を飲むと筋肉の緊張がゆるんで、表情までふにゃふにゃになります。血行もよくなり、**全身でリラックス**できますね。1日の終わりにこうした体の感覚を味わいながら、ご褒美にする人は多いでしょう。

●2　人とうまくしゃべれる（社会的注目）

人とお酒を飲む機会は多くあります。職場の飲み会でも、同窓会でも、祭りやお祝いの席でもお酒が出ます。

お酒が入ると、日頃しらふのときには真面目な話しかしなかった相手とも**心の距離がぐっと縮んで、本音で話せたりします。**

そのため商談がうまくいったり、相手と仲良くなったり、お祝いの気持ちが表せたりするわけです。

中には、「お！　君飲める口だねえ」なんて目上の人に声をかけられて気に入られることで、ますますお酒を飲もうとするかもしれません。

●3　嫌なことを忘れられる（逃避）

「飲まないとやってらんないストレスだ！」と、イライラをお酒と共に洗い流したり、つらくて泣きそうな気持ちを打ち消すようにお酒を飲んだりするのがこのタイプです。一瞬でもいいから嫌なことを忘れさせてくれるお酒は、短期的には、身近でコスパの**いいストレス解消法**とも言えます。

ただし、「短期的には」です。嫌なことはなくなったわけでも解決したわけでもなく、しらふになればまた現実感が戻ってくるのです。

●4　食事が進む（物や活動が得られる）

最近はコース料理の内容に合わせて、シャンパン、白ワイン、赤ワイン、デザートワインなど、味をひきたててくれるようなお酒を提案してくれるペアリングというサービスが流行《はや》っています。

こんなふうに、**食事の楽しみ方のひとつとしてお酒が選ばれる**わけです。食文化とも言えるような、生活を豊かにする機能がありそうです。

アルコール依存から抜け出すための代替行動

それでは、一体飲み過ぎから脱出するにはどうしたらいいのでしょう。代わりに何をしたらいいというのでしょうか。

先ほどご紹介したよくある「お酒がやめられない4つの理由」別にご紹介しましょう。

●「1　脱力できる」への対処法

この機能の置き換えは簡単です。入浴でも、ストレッチでもマッサージでも体の**緊張を解きほぐすものは多くあります**ので晩酌の代わりに取り入れてみましょう。

ただし、めんどくさいかもしれません。お酒ほど手っ取り早く効果を得られないのです。

こうした場合には、**「私は本当にお酒を減らしたいんだっけ？　なんで減らしたいんだっけ？」**とお酒を減らしたい理由を思い出してみましょう。

●「2　人とうまくしゃべれる」への対処法

お酒が入ったときの軽やかなしゃべりっぷりの自分を覚えておきましょう。いつもの自分と何が違うのでしょう。

話題が自然に出てくる感じでしょうか？　では、いつもなら話題が思い浮かばないのはなぜでしょうか？

気を使い過ぎているからかもしれませんし、自然な感情が働いていないのでひらめくことができないのかもしれません。

対人緊張が強くて、相手の表情や気持ちに集中できていないのかもしれません。**お酒が入ったときの自分をイメージして、しらふでのコミュニケーションに取り入れて**

みましょう。

最初はぎこちなくても、徐々にしらふで打ち解けられるようになってきます。大事なのはお酒があるかどうかではなく、コミュニケーション能力なのです。

●「3 嫌なことを忘れられる」への対処法

短期的には効果的な「嫌なことを忘れられる」というメリットも、翌日には魔法が解けてしまいます。

もちろん、一時的な逃避で翌日からその問題を解決するためのエネルギーを蓄えることも必要かもしれません。

ただ、大事なのは「いつまでも逃避を続けるわけにはいかない」ということです。たいていの問題は、逃げれば逃げるほど、解決の時期が遅れてやっかいなことになります。

そんな問題の蓄積を感じると自分のことが嫌になるでしょうし、不安な気持ちは高まるばかりです。**怖くても、問題と向き合うことが何よりの代替行動**です。

●「4　食事が進む」への対処法

グルメな人に多いこの理由は、とことん食への興味を突き詰めることで、「飲み過ぎは味を損なう」ことに気づくことができるでしょう。

高級店で食事をしてみるのはひとつの手です。

高い料理が出てくれれば、私たちはゆっくり味わって食べようとします。食事の説明に耳を澄まして、会話しながら食事します。本当に美味しいものを味わうひとときは、適量のお酒を飲みながらの、心地良いゆっくりとした食事から生まれるからです。

さて、最後はヤケ食いが止まらないという女性の例です。

第8章

暴飲暴食グセから抜け出そう！

～ヤケ食いが止まらないヨウコさんのノート～

食べ過ぎは、いろんなことが引き金となって起こります
我慢
さみしさ
物足りなさ
つらさ
自分の食べ過ぎの原因に気づかなければ習慣化されてしまいます
暴飲暴食にハマる理由は3つ！
この章ではヨウコさんのノートをお手本に
暴飲暴食から抜け出す方法を学んでいきましょう！
フムフム
ヨウコさんのノート

ヤケ食いが止まらないヨウコさんのノート

ヤケ食いが止まらないヨウコさん（仮名、40代女性、専業主婦、既婚、夫と子供の3人暮らし）。

ヨウコさんは、先ほどのお酒がやめられないケンイチさんの妻です。

小学生の子供がひとりいて、毎日、習い事の送迎、家事に追われています。

独身の頃は銀行員として働いていましたが、結婚を機にやめてからはずっと専業主婦です。

もともとおっとりしているヨウコさんは、外でバリバリ働くよりは、家のことをゆっくりしているほうが性に合っていると自分でも思っています。

子供を授かったのが39歳と遅かったこともあり、産後は体調がなかなか戻らず、子育てにも体力不足を痛感していました。それでも、子供はすくすく育ちました。

夫は仕事で忙しく、真面目な人ですが、察しは悪いほうで、家事や子育てについて自分から気を利かせて動いてくれることはありません。

「ゴミを捨てて」と言えば動いてくれるという感じです。そのような感じなので、家のことはほぼヨウコさんが引き受けてやっています。

同世代のママ友の家では、夫はもっとイクメンで、家事分担も平等のようですが、ヨウコさんは年上の夫の体力にも配慮して、家事に育児にと、ひとりでやってきました。

先日、夫は、健康診断の結果で、肝臓に負担がかかっていることや、コレステロール値が高いことがわかりました。

そのことで義母から「あなたのつくるご飯、もう少しなんとかならないの。夫の健康管理は嫁の仕事よ」と電話で言われてしまいました。

以前からこうしたプレッシャーはよく感じていました。子供の視力が落ちたときにも、小言を言われたことを思い出しました。

ヨウコさんは、

「そうですね。私、お料理をもう少し勉強してみます」

とだけ答えて電話を切りました。言い返すこともできず、やり場のない気持ちをぶつけるように夜中にお菓子を食べてしまいます。

夫のケンイチさんは、お酒で自分の嫌な感情を洗い流すようなところがある生真面目な男性でしたが、妻である**ヨウコさんもまた自分を抑圧する人**なのです。

夫婦揃って、自分の中に不満を押し込めて我慢するタイプということになります。

こうした似た性格のおかげで、この夫婦は長年ケンカもせず、穏やかにやってこられました。

しかし、お互いに抑圧して、本当の感情の行き場をなくしています。

先に、お酒への依存から脱出したケンイチさんに続いて、ヨウコさんもぜひ変わってほしいところです。

ヨウコさんも、ノートを書いてみました。

良い感情で過ごしつつ、食べ過ぎを減らすためにノートを始める

【ステップ1　今日の出来事を記入する】

7月22日	○義母から電話で夫の健康診断の結果が悪いのは食生活のせいではないかと言われた
7月23日	○待ち合わせ場所を、友達の家に近い所に指定された
7月24日	○子供の習い事の送迎で、夜遅くまでゆっくりできない
7月25日	○夕食をつくっていたのに夫から直前に「いらない」メール
7月26日	ランチした友達がかわいいポーチを持っていた
7月27日	友達に聞いてみたら、みんななかなか贅沢していた
7月28日	友達を見ているとみんな盛大にグチっていた
7月29日	子供が自分の洗濯物を片づけていなかった

ヨウコさんは夫のケンイチさんよりは、自分の感情に気づいています。なので、義母からの電話の件でも「私のせいにするな！」と内心イラっとしていました。

でも、日々の出来事を書き連ねていると、ヨウコさんは義母だけでなく、友達や子供、夫にも遠慮しているようです。

気持ちの優しい女性なのでしょうか。それもあるでしょうが、こうして自分が譲《ゆず》ることで平和を保ってきたのです。

【ステップ２　やめたい習慣の量を記入する】

7月22日	夕食後にカップ麺2人分とスナック菓子
7月23日	夕食後にアイス、菓子パン、スナック菓子
7月24日	夕食後にアメリカンドッグとチョコレート
7月25日	夕食後に桃ゼリー
7月26日	夕食後にハーブティーとかわいいプチケーキ
7月27日	夕食後にコーヒーとチョコレート
7月28日	夕食後は何も食べない
7月29日	夕食後は何も食べない

次に、ヨウコさんは毎日の食べているものを記録しました。

朝昼晩の食事は普通量なので、それ以外のものについて書いてみました。大きな特徴は、いつも**「夕食後」に食べ過ぎている**ことです。

ヨウコさんは長時間晩酌をする夫のいるリビングではなく、アイロンをかけたりする家事部屋のような別室でラジオをつけながら何か食べているのです。小学生の息子が寝た後の時間帯です。

「目を背けたい……。私って、わざとひとりになってヤケ食いしてるんだ」

夫のケンイチさんもひとりになってぼーっとしたいタイプですし、ヨウコさんもまた誰にも見られず好きなものを食べたいのです。

お互いひとりになりたいのです。でも、隠れるのはヨウコさんです。

【ステップ3　やめたい習慣の増減に関係しそうな出来事を特定し、隠されたニーズを探る】

7月22日	言い返したかった。私のせいにするな
7月23日	なんでいつも私が行かなくちゃいけないんだ。不平等
7月24日	私もくつろぎたいよ
7月25日	早く言えよ
7月26日	私も友達みたいに自分を大切にしようかな
7月27日	私だって自分に贅沢を許そう。一度きりの人生だ
7月28日	私もグチを聞いてもらうことにした
7月29日	子供にも家事を分担させたい

ヨウコさんは、「今日、本当に欲しかったもの」の欄を埋めるときには、これまで誰にも口にしたことがないような**荒い言葉遣いになっていることに驚きました。**

「私ってここまで怒りを溜め込んでたんだ」

振り返ると、ヨウコさんは小さい頃から、何か悪いことが起こると、全部自分のせいにして、自分がうまく潤滑油になってその場をおさめようとしてきました。そして、そういう日の夜にたくさん食べていることに気づきました。

「昔から、人に尽くすわりに大事にされない。私だってわがまま言いたい。疲れるよ。

自分を優先したい。グチも言いたい」

ここまではっきりと意識すると、ヨウコさんの意識は変わりました。

友達とランチした際、メイク直しのときに友達がかわいらしいポーチを持っているのを見たとき、とっさにこう思いました。

「そうかあ、主婦がこんなにかわいいポーチを買ってもいいのか」

気づけばヨウコさんは、独身時代からの古ぼけたポーチを使っていました。もう10年は使っています。専業主婦で、自分でお金を稼いでいないからと、なんとなく遠慮していたのです。

「でもランチにはお金を使うのかあ。私って変なの。友達みたいに私も自分に少しぐらいお金を使ってもいいのかな」

試しに、いろいろ質問してみました。すると、同じく専業主婦の友達は、時々エステに行くこと、習い事もしていることなども聞けました。ヨウコさんはずいぶんと自分を粗末に扱ってきたことに気づきました。

さらに、ヨウコさんは友達に聞いてみました。

「実はさ、私、義母にこんなこと言われて……」

友達は驚いていました。これまでグチひとつ言わなかったヨウコさんから告げられた内容に友達は同情してくれました。

「ヨウコのところはてっきりうまくいってるのかと思って、私も言うのを控えてきたけどさ、これで言いやすくなったわ。私のところもさー……」

友達は、ヨウコさん以上にたくさんのグチを言いました。

「なんだ、みんなそうなんだ。もっとこれからはグチを言おう」

ヨウコさん、なかなか変化してきました。

【ステップ4　代替行動を見つけ、検証する】

7月22日	
7月23日	
7月24日	いつもならチョコは袋買いだが、今日は5粒入のに
7月25日	○子供の習い事の間マッサージに行った
7月26日	○どうせならハーブティーと一緒に前向きに丁寧に
7月27日	○量より質で。高級チョコ。高級ボディソープも
7月28日	○グチを言うとスッキリ
7月29日	いつもならイライラしながらも自分が片づけるが、それをやめて子供に片づけるよう言った

粗末に扱うと言えば、ヤケ食いしているときのヨウコさんは、まさにそうです。ストレスにまかせて、食べ物の味なんて関係なしで、スナック菓子をバリバリ食べながらうっぷんを晴らす感じです。ヨウコさんは考えてみました。

「自分を大切にするようなことをしたい。食べると一瞬満たされるけど、その後の自己嫌悪がすごい。同じ食べるなら、もっと自分をまるでお客様のようにもてなして、大事にしようか」

本当なら、誰かに大切にしてもらいたかったのですが、ヨウコさんはそんなことされたら「何かお返ししなければ」と身構えてしまう性質です。

それに、誰も自分のことなんて大事にしてくれないと思っています。

ひとまず、自分で自分をもてなすことにしました。

夕食後にハーブティーを準備して、かわいいプチケーキをお皿に盛りつけました。いつもの家事部屋ではなく、夫のいるダイニングテーブルでです。ケンイチさんは酔っ払った顔で、かわいいケーキを眺めていました。

この作戦はなかなかうまくいきました。いつもよりは食べる量が減らせたのです。

これに手応えを得たヨウコさんは、ちょっと贅沢なボディソープを使うとか、これまで**大袋のチョコを買っていた代わりに高級チョコを一粒だけ**というふうに置き換えてきました。

ヨウコさんは、少しずつ自分を大切にする感覚を育《はぐく》んでいったのです。

最終的にヨウコさんは、「言い返したかった」という欲求に挑みました。

誰かに批判されたり、要求され過ぎたりしたときに、これまでのヨウコさんは自己犠牲をして譲って、気持ちを押し込めてきました。義母にも夫にも子供にもです。

7月25日には、夕食をつくり終えた頃に、夫から「今日は夕食いらない」というメールがきました。

ヨウコさんは「なんで早く言わないの。もうつくったし！」とイライラしました。夫は何やら食材を買ってきて自分で料理しているようでした。

以前のヨウコさんなら、「私の料理に不満があるのかしら」「義母にまた何か言われたのかしら」と、あれこれ心配してしまうところでした。

しかし、「まあ、いいや。あの人が自分でつくるっていうんだし」と**マッサージを受けに行きました。**帰宅すると、夫は楽しそうに自分でつくったつまみでお酒を飲んでいました。

7月29日の出来事です。ヨウコさんは子供に洗濯物を手渡して、「**自分の部屋に片**

づけなさい」と言いました。

子供は「はーい」と言ったものの、ゲームに夢中で2時間たっても片づけないままでした。

寝る時間になってもリビングに放置された洗濯物を見て、ヨウコさんはイライラしました。

いつもの自分なら、自分でその洗濯物を息子の部屋に片づけるところでしたが、「こういう自己犠牲がいけない。私にもいけないけど、息子にもよくない」

そう自分に言い聞かせて、再度子供に片づけるよう言いました。

傍《はた》から見ると、ごく当然の対応かもしれませんが、ヨウコさんには画期的でした。その日は、夕食後何も食べずにすんだのです。

これが代替行動だったかどうかヨウコさんは確信が持てていないようですが、これこそが王道の代替行動です。

ヨウコさんには、自己犠牲ばかりせず、相手にちゃんと主張することが必要だったのです。

ヨウコさんのノートの例

日付	①今日の出来事	②やめたい習慣の量	③本当に欲しかったもの	④代替行動
7月22日	○義母から電話で夫の健康診断の結果が悪いのは食生活のせいではないかと言われた	夕食後にカップ麺2人分とスナック菓子	言い返したかった。私のせいにするな	
7月23日	○待ち合わせ場所を、友達の家に近い所に指定された	夕食後にアイス、菓子パン、スナック菓子	なんでいつも私が行かなくちゃいけないんだ。不平等	
7月24日	○子供の習い事の送迎で、夜遅くまでゆっくりできない	夕食後にアメリカンドッグとチョコレート	私もくつろぎたいよ	いつもならチョコは袋買いだが、今日は5粒入のに
7月25日	○夕食をつくっていたのに夫から直前に「いらない」メール	夕食後に桃ゼリー	早く言えよ	○子供の習い事の間マッサージに行った
7月26日	ランチした友達がかわいいポーチを持っていた	夕食後にハーブティーとかわいいプチケーキ	私も友達みたいに自分を大切にしようかな	○どうせならハーブティと一緒に前向きに丁寧に
7月27日	友達に聞いてみたら、みんななかなか贅沢していた	夕食後にコーヒーとチョコレート	私だって自分に贅沢を許そう。一度きりの人生だ	○量より質で。高級チョコ。高級ボディソープも
7月28日	友達を見ているとみんな盛大にグチっていた	夕食後は何も食べない	私もグチを聞いてもらうことにした	○グチを言うとスッキリ
7月29日	子供が自分の洗濯物を片づけていなかった	夕食後は何も食べない	子供にも家事を分担させたい	いつもならイライラしながらも自分が片づけるが、それをやめて子供に片づけるよう言った

食べ過ぎてしまう人の共通点

食べ過ぎてしまう人は、おおざっぱに言えば、上手に自分の欲求や意思を周りに伝えきれてなくて我慢している傾向にあります。

その結果、**希望通りに物事が進まなくて、欲しいものが手に入らなくて、さみしかったり、物足りなかったり、つらかったりします。**

こうした、不足を食べ物をとり入れることで埋めているのです。周りからすれば、いつも人に譲っている自己主張のない人、いい人と捉えられているでしょう。

自己犠牲的でお人好しな分、自分の取り分を忘れて、自分のケアも二の次です。自分のことがお留守になっているため、自分の感情よりも相手がどんな気持ちでいるかに気がいってしまっています。

だから自分が本当はどんな気持ちで、何をしたいのかがよくわからないこともしばしばあります。

私はいろんな講演会で本書のような話をしていますが、「食べ過ぎをなんとか直したい」と困っている参加者が最も多いのは、学校の先生を対象にした講演会のときです。学校の先生は児童生徒のことを第一にして、身を削ってお仕事をなさっているのでしょう。

世間の人の中には「先生なんだから、私生活でもお手本を示してほしい」とか「休憩時間なんて言わずに生徒のことを思ってほしい」などと無理な要求をする人もいます。

先生方が他の仕事とは一味違った「自分を犠牲にしてでもがんばって働いてくださ い」といったプレッシャーにさらされていることが食べ過ぎの一因かもしれません。

食べ過ぎてしまう3つの理由とは？

ここで、よくある「食べ過ぎてしまう3つの理由」をご紹介したいと思います。先に紹介した人間の行動の理由を食べ過ぎに特化した形につくり替えています。

【よくある食べ過ぎてしまう3つの理由】

1　歯ごたえや、のど越し、満腹感を得たい（身体的感覚）
2　嫌なことを忘れられる（逃避）
3　食べながらすると、より楽しくなる活動がある（物や活動が得られる）

ひとつずつ解説してきます。

1　歯ごたえやのど越し、満腹感を得たい（身体的感覚）

腹の立つときに、ぶつけようのない怒りをスナック菓子のガリガリとした歯ごたえで発散したことはありますか？

こういうときは、わたがしやマシュマロのような食感よりは**パリパリ、ガリガリ噛《か》**

み締めてみたい衝動に襲われるものです。

中には、食べ物がのどを通るときの**詰まったような感覚**や、**胃の満腹感が「満たされているような」錯覚**を味わえるからいいとおっしゃる方もいます。

●2　嫌なことを忘れられる（逃避）

嫌なことがあっても食べて心地良くなれば、その間だけは忘れられるかもしれません。甘いものはたしかに、私たちをすぐに元気にしてくれます。

もう十数年前の話になりますが、ストレスの多い人用にチョコレートが発売されると飛ぶように売れました。私たちは**ストレスを和らげるために食べる**ことがよくあります。

●3　食べながらすると、より楽しくなる活動がある（物や活動が得られる）

映画館に行くと、そんなに好きでもないポップコーンを、そんなに食べなくてもいい量（大量に）のために、高いお金を払って食べてしまうものです。

映画館の席に座って予告編を観ている間も、「そんなに美味しいわけではないんだけどな」と思いながらも、手持ち無沙汰《ぶさた》でなんとなくポップコーンを頬張《ほおば》ります。

映画の本編が始まっても、おなかが空いているわけでもないのに食べながら観てしまいます。

映画とポップコーンはセットになっていて、「なんか、これが楽しいよね」と体が覚えていたりします。

他にもこうした**ある活動と食べ物がセットになっている例はそこかしこにあります。**

ある人は、帰宅すると必ず甘いものをまず食べるのが習慣になっています。外でがんばってきた緊張をほぐしてリセットしているのかもしれませんが、この方にとってはとにかく「帰宅＝甘いもの」というセットの習慣ができています。

他にも結婚式に行けばご馳走《ちそう》が出てきて、美味しい思いをするとみんな優しい気持ちになって新郎新婦を祝福できます。

これも、ご馳走と結婚式がセットになっていて「なんかいいもの」なんだと体が覚えますね。

中には、久しぶりに実家に帰ってお母さんの顔を見ると「いつものあの肉じゃが食べたくなった」なんてよだれが出てきてしまう人もいます。

帰省（母）と肉じゃがが、習慣のセットになっていますね。

食べ過ぎから抜け出すための代替行動

それでは、一体食べ過ぎから脱出するにはどうしたらいいのでしょう。

代わりに何をしたらいいというのでしょう。

先ほどご紹介したよくある「食べ過ぎてしまう3つの理由」別にご紹介しましょう。

●「1　歯ごたえやのど越し、満腹感を得たい」への対処法

この理由で食べ過ぎている場合には、置き換えがわりと簡単です。

食べるという形ではなくとも、**なんらかの「発散」や「満たされる」感覚を味わう**

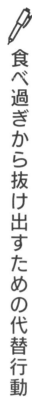

方法を見つければいいわけです。

たとえば、ポテトチップス1袋を一気にガリガリ食べていた人が、漬物や根菜サラダなどの歯ごたえのあるものを食べるのに置き換えるのは健康上のリスクを抑えられます。他にも、おしゃぶり昆布や氷、ガムなどを口に入れておくと効果的です。会話のときに、スティックキャンディーなどを口にくわえておくのも効果的です。

また、食べる行動から他の行動への置き換えもいいかもしれません。ある人は、イライラする気持ちをボクシングで発散しました。ある人は、包丁で大量の野菜をひたすら刻みながらやり場のない気持ちをぶつけています。

●「2　嫌なことを忘れられる」への対処法

嫌なこと、つらいこと、めんどうなことから逃げるための食べ過ぎの場合には、やはり勇気を出してその問題に直面することをおすすめします。

すぐに手をつけられなくても「今って○○が大変なんだよね」「○○しなくちゃなあ」「○○が憂うつだわ」などと軽く誰かに話してみましょう。

ひとりで心にもんもんとしたものを抱えているよりも楽になりますし、このぐらいのつぶやきなら相手に迷惑をかけてしまうなんて思わなくてもできませんか？

自分でも目を逸らしたいようなつらい状況や、情けなくなるぐらい先延ばしにしていることなどを認めることはつらいことですが、**「そうさ、そうさ、私ってそういう人間さ」**と開き直ることが最も心を安定させます。

無理やり食べ物を押し込むよりは、脱力して「私は弱虫さ」「ああ、俺は情けない弱い人間さ」「私はだらしないのさ」と降参してしまうのです。

降参しても、この世は終わらないことを実感しましょう。むしろ、反対にそんな素直なあなたに対して周囲の人はつき合いやすい人間として映ることもあります。

●「3　食べながらすると、より楽しくなる活動がある」への対処法

何かの活動と食べ物がセットになっているのがこのタイプでしたね。

「こんなやりたくもない雑用、食べないとやってられない」と思っているのでしたら、食べる食べない以前に「その雑用、本当に自分がやるべきことなの？」と問い直して

みましょう。

食べ過ぎてしまう人の多くが、自己犠牲して波風立てないようにしている人だと述べた通り、その雑用は本来は自分以外の誰かがすべきことなのかもしれません。

断るべきだったかもしれないし、それが無理でも今は忙しいからその雑用を仕上げる期限を延ばしてもらったり、手伝ってくれる人をつけてもらったり、参考になるような資料や道具を貸してもらったりと、いろいろ交渉の余地はあったかもしれません。

こうしたプロセスにもしも抵抗があるのなら、自分にこう質問してみましょう。

「Ｎｏと言っても大丈夫。

同じ状況に自分と性格が正反対の人がいたら、どう振る舞っているか？」

こうして自分の立場に誰か他の人を立たせてみると、案外その人たちは平然と断ったり、気まぐれに引き受けたりと自由に振る舞いそうなこと、それでも大して周りは怒ったり傷ついたりしないことが確認できるはずです。

自分を粗末にして、**「自分に犠牲になれ！」と、自分をいじめてはいけません。**ちょっとだけ自分の本音を出して、主張する練習をしましょう。

いかがでしたか？

これまでいろんな人の「やめられない行動」に焦点を当ててきました。

3分間のノートで**悪習慣をやめるための〝行動を置き換えるシンプルな方法〟**を提案してきました。

実際に取り組んでみると、**「自分という人間に向き合う作業なんだな」**と気づくことができ、驚かれるかもしれません。

私たちは行動のひとつ、時間の使い方ひとつにおいても、そこに生き様が出てしまいます。

自分の考え方のクセや行動パターンについて発見がきっとあったはずです。

誰しもひとつか2つはクセがあるものです。そんなクセに気づいて、そのトラップに引っかからないようにしながらも、クセも含めた自分を丸ごと愛せたらいいですね。

おわりに

いかがでしたか？　いろいろな登場人物の話を読むと、この本が決して「やめられない習慣をやめる」だけの目的で書かれたものではないことにお気づきでしょう。

私が本書で最もお伝えしたかったのは、「人生の時間をどんなふうに過ごしたいか」「何を大切にして生きていきたいか」に焦点を当てていきましょう、ということでした。

人生には本来、人と出会って親密になる喜びもあるでしょう。新たな考え方に触れて刺激を受ける楽しさもあるでしょう。世界には人間だけでなく、自然、本、絵画、音楽などたくさんの魅力的なものがあふれています。

もちろん、人生を送るには、時には何かを信じてみたり、主張したり、譲ったり、我慢したりする局面もあるでしょう。

それがうまくいかないときに、ついつい私たちはもっと傷つかない方向へ、楽な方向へ逃げ込みたくなります。

もっとお手軽に自分を満たしてくれるものに依存したくなるからです。

一時的に羽を休め、また人生を歩み続けることができるのならそれでいいでしょう。

でも、ずっとその脇道に入り込んでいては、人生はどうなってしまうのでしょうか。

現代社会は、脇道の誘惑がたくさんあります。自分がどんな人生を送りたいのか、そのためには今何をするのが一番王道なのかと時々見つめ直す必要があります。

本書が、そんなあなたの人生の道標《みちしるべ》になればと思います。

最後に、本書はこれまで専門書を中心に手がけてきた私にとって、初めてのビジネス書となりました。ビジネス書を手に取られるみなさんのニーズに合っていたかどうかちょっと不安ですが、いかがでしたか？

私は認知行動療法で生きやすくなった人間のひとりなので、この考えをどうしたら多くの方にお届けできるだろうかと考えてきました。ですから、今回のビジネス書での企画は渡りに船でした。昔から私にはこんな願望がありました。

「出張に出かけるビジネスパーソンが空港の書店で著書を手に取って、飛行機に乗ってくれたらな」という妄想です。本書ではきっとそれが実現できると思っています。

中島美鈴

（参考文献）

Claessens, B. J. C., van Eerde, W., Rutte, C. G., & Roe, R. A. (2007). A review of the time management literature. Personnel Review, 36(2), 255– 275. doi: 10.1108/00483480710726136

Barling, J., Kelloway, E. K., & Cheung, D. (1996). Time management and achievement striving interact to predict car sales performance. Journal of Applied Psychology, 81(6), 821–826. doi: 10.1037/0021-9010.81.6.821

Britton, B. K., & Tesser, A. (1991). Effects of time-management practices on college grades. Journal of Educational Psychology, 83, 405–410. doi: 10.1037/0022-0663.83.3.405

Burt, C. D. B., & Kemp, S. (1994). Construction of activity duration and time management potential. Applied Cognitive Psychology, 8(2), 155– 168. doi: 10.1002/acp.2350080206

Trueman, M., & Hartley, J. (1996). A Comparison between Time-Management Skills and Academic Performance of Mature and Traditional-Entry University Students. Higher Education, 32, 199-215. https://doi.org/10.1007/BF00138396

Macan, T. H., Shahani, C., Dipboye, R. L0, & Philips, A. P. (1990). College student's time management: Correlations with academic performance and stress. Journal of Educational Psychology, 82(4), 760–768. doi: 10.4992/jjpsy.87.15212

Sonuga-Barke, E., Bitsakou, P., & Thompson, M. (2010). Beyond the dual pathway model: Evidence for the dissociation of timing, inhibitory, and delay-related impairments in attention-deficit / hyperactivity disorder. Journal of the American Academy of Child and Adolescent Psychiatry, 49(4), 345–355. doi: 10.1016/j.jaac.2009.12.018

河井大介、天野美穂子、小笠原盛浩、橋元良明、小室広佐子、大野志郎、堀川裕介（２０１１）「ＳＮＳ依存とＳＮＳ利用実態とその影響」『日本社会情報学会全国大会研究発表論文集』26、２０５－２７０ページ

中島美鈴　なかしま・みすず

臨床心理士。公認心理師。心理学博士。専門は認知行動療法。臨床経験22年。

1978年福岡県生まれ。九州大学大学院人間環境学府博士後期課程修了。肥前精神医療センター、東京大学大学院総合文化研究科、福岡大学人文学部などの勤務を経て、現在は九州大学大学院人間環境学府にて学術協力研究員。

働く人の時間管理講座を開催し、好評を得ている。また、問題行動を改善するための集団認知行動療法を保護観察所や少年院で実践している。

ベストセラー『悩み・不安・怒りを小さくするレッスン「認知行動療法」入門』（光文社）、『ADHDタイプの大人のための時間管理ワークブック』、『働く人のための時間管理ワークブック』（共著、共に星和書店）など著書多数。

朝日新聞デジタルにて認知行動療法コラムを連載中。

中島美鈴 検索

脱ダラダラ習慣！
1日3分やめるノート

2023年1月21日　第1刷発行
2024年4月6日　第4刷発行

著　者　中《なか》島《しま》美《み》鈴《すず》
発行者　徳留慶太郎
発行所　株式会社すばる舎
〒170-0013 東京都豊島区東池袋3-9-7東池袋織本ビル
TEL　03-3981-8651（代表）　03-3981-0767（営業部）
FAX　03-3981-8638
https://www.subarusya.jp/
印刷所　シナノ印刷株式会社

落丁・乱丁本はお取り替えいたします

ISBN978-4-7991-1098-0